AF288701

Alma de Zárate · Jamila Tressel
Lara-Luna Ehrenschneider
In Zusammenarbeit mit Uli Hauser

WIE WIR SCHULE MACHEN

Lernen, wie es uns gefällt

 PENGUIN VERLAG

Der Verlag behält sich die Verwertung des urheberrechtlich
geschützten Inhalts dieses Werkes für Zwecke des Text- und
Data-Minings nach § 44 b UrhG ausdrücklich vor.
Jegliche unbefugte Nutzung ist hiermit ausgeschlossen.

Penguin Random House Verlagsgruppe FSC® N001967

1. Auflage
Copyright dieser Ausgabe © 2024 Penguin Verlag
in der Penguin Random House Verlagsgruppe GmbH,
Neumarkter Str. 28, 81673 München
Copyright © der Originalausgabe 2014
beim Albrecht Knaus Verlag, München
in der Penguin Random House Verlagsgruppe GmbH,
Neumarkter Str. 28, 81673 München
Redaktion: Margret Trebbe-Plath
Umschlaggestaltung: www.buerosued.de
Umschlagabbildungen: © Hans Scherhaufer
Druck und Bindung: Friedrich Pustet GmbH & Co. KG, Regensburg
Printed in Germany
ISBN 978-3-328-60374-0
www.penguin-verlag.de

Inhalt

Vorwort: Warum wir und dieses Buch?

Wir sind Alma, Jamila und Lara-Luna, 13, 14 und 15 Jahre alt. Wir gehen in die achte und neunte Klasse der Evangelischen Schule Berlin Zentrum, einer Gemeinschaftsschule mitten in Berlin. Wenn das Buch erscheint, sind wir eine Klasse weiter und vielleicht auch ein Jahr weiser, aber so soll das ja auch sein.

Manche denken jetzt vielleicht, wir sind die Schlauen, weil wir uns das trauen. Also zu schreiben, was wir denken, und dann kann man das auch noch kaufen. Dazu noch über Schule und sogar Erziehung. Das Thema ist ja nicht neu. Jeder hat dazu eine Meinung. Denn jeder war schon in der Schule. Und kann mitreden.

Vielleicht denkt ihr auch, wir sind hochbegabt. Also übelst intelligent und dass wir das Alphabet rückwärts aufsagen können. Oder beim Arzt vermessen worden sind. Also einen IQ-Test gemacht haben. Haben wir nicht. Wir wurden auch nicht rausgepickt, weil wir irgendwie total gut schreiben können oder so. Können wir nämlich nicht: Wenn ihr sehen würdet, wie wir andauernd im Internet gucken, wie was geschrieben wird, würdet ihr die Augen verdrehen. Alleine wo die Kommas hin kommen weiß doch keiner. Merkt ihr, dass dieser Satz falsch geschrieben ist? Kam uns irgendwie auch so vor, also haben wir nachgeschaut. Es muss heißen: Alleine, wo die Kommas hinkommen, weiß doch keiner. Außerdem ist der Plural von Komma Kommata, das haben wir jetzt beim Schreiben gelernt. Aber darüber wollen wir nicht reden, das ist langweilig. Spannender ist: Viele von uns könnten so ein Buch schreiben, weil sie Experten sind, was Schule und Lernen angeht. Experten sind Leute, die sich mit etwas besonders gut auskennen, oder? Und wir kennen uns besonders gut mit uns aus.

Also mit dem Schreiben war das einfach so: Unsere Schulleiterin, Frau Rasfeld, hat in der Schulversammlung gefragt, wer Lust hätte, ein Buch zu schreiben. So, wie sie uns immer fragt, wenn es was zu tun gibt. Wir hatten Lust.

Unsere Schule ist nicht wie viele andere, und Frau Rasfeld ist keine gewöhnliche Schulleiterin. Sie möchte gern Dinge verändern und Kinder unterstützen, wenn die was verändern wollen. Also haben wir Schüler vor Jahren damit begonnen, Lehrern zu erzählen, wie der Unterricht bei uns abläuft und wie wir uns das Lernen vorstellen. Aber davon erzählen wir später. Frau Rasfeld nimmt zu Vorträgen immer Schüler als Mitreferenten mit, damit wir von unseren Erfahrungen und Erlebnissen berichten. So reisen wir Schüler viel herum und haben mittlerweile schon die ganze Bundesrepublik gesehen. Wir wurden im Flughafen auch schon ausgerufen, weil wir spät dran waren. Es kann auch schon mal nach Wien gehen und nach Basel oder Zürich. Wo gibt es das schon: dass Schüler nicht weglaufen, wenn der Schulleiter etwas von einem will? Wir machen gerne was mit unserer Schulleiterin, weil wir dann immer was erleben.

Frau Rasfeld sagte also, dass es ein Projekt mit Uli Hauser aus Hamburg gibt, der meinte, jetzt sollten mal Kinder über Bildung und Erziehung schreiben. Wir fanden das total cool und aufregend, ein neues Abenteuer. So etwas hatten wir vorher noch nie gemacht. Erst wollten wir nicht glauben, dass jemand hören will, was wir zu sagen haben. Denn so ein Buch ist etwas anderes als ein Vortrag: Den kann man vielleicht vergessen. Aber in ein Buch kann man immer wieder hineinschauen. Als wir dann im Mai an unserem unterrichtsfreien Brückentag eine Lehrerfortbildung in München durchgeführt haben, haben wir mit Britta vom Knaus Verlag gesprochen und waren danach voll begeistert.

In diesem Buch wollen wir euch nur mal sagen, wie wir Schule erleben. Und wie wir uns Lernen und die Zukunft vorstellen. Was man besser machen könnte. Wie es uns geht. Was wir uns wünschen. Wir wollen euch unsere Schule etwas näher vorstellen und erklären, was da bei uns abgeht. Wie viel Spaß man haben kann in der Schule. Wie man besser lernt und wie es funktionieren kann, einen Sinn darin zu sehen, morgens aufzustehen. Aber am meisten hoffen wir, dass ihr euch nicht langweilt, wenn ihr unser Buch lest. Wir sind uns sicher, es gibt einen Haufen Leute, die Bücher schreiben und viele Vorträge darüber halten, wie Schule eigentlich funktioniert und was man alles für eine gute Schule braucht. Aber mal ganz ehrlich: Geht es dabei eigentlich um uns oder um euch? Ist es nicht komisch, dass Menschen, die nicht mehr in die Schule gehen, besser Bescheid wissen sollen als wir Schüler, die jeden Tag dorthin gehen?

Sollten wir nicht auch ein Wörtchen mitreden können?

Natürlich geht es auch um die Lehrer; wenn es ihnen nicht gut geht, bringt uns das auch nicht viel. Aber eigentlich ist die Reihenfolge doch so: Lehrer sind nur da, weil wir da sind. Würden wir nicht in die Schule gehen, hätten Lehrer keinen Job. Aber in der Schule geht es fast die ganze Zeit nur um den Stoff und die Lehrer, so kommt uns das vor.

Wann werden denn schon wir, die Schüler, gefragt, zum Beispiel: »Na, wie findet ihr die Schule so oder was würdet ihr euch vielleicht wünschen?« Wenn diese Frage gestellt würde, ehrlich mal, würde es wahrscheinlich ganz andere Schulen geben. Schulen, in denen sich Kinder und Jugendliche wohlfühlen. Dann würde endlich auf den Tisch kommen, was falsch läuft.

Jetzt wollen wir euch mal erzählen, wie wir das Buch gemacht haben. Damit ihr auch glaubt, dass wir es selbst geschrieben haben. Wir hatten viele Ideen und Gedanken. Stellt euch vor, es ist Schule, und alle Kinder wollen hin! Wie muss Schule aussehen, damit dieser Traum Wirklichkeit wird? Und wen sollte man fragen, um diese wichtige, aktuelle Frage zu beantworten? Die Lehrer? Die Direktoren? Bildungsbeauftragte? Minister? Die Bundeskanzlerin?

Wir sind mal in ein paar Buchläden gegangen und haben geguckt, was es so alles gibt zu dem Thema Schule und Erziehung. Ganz schön viel. Und alles von Erwachsenen. Und man kriegt das Gefühl, dass die Erwachsenen denken, wir seien so kleine Leutchen, die man an die Leine nehmen muss. So, als würden wir allein nichts auf die Reihe kriegen.

Also haben wir dann beschlossen, einfach loszulegen. Wir drei kannten uns eigentlich noch gar nicht richtig, so als Gruppe. Erst später haben wir uns so richtig kennengelernt. Wir sind ja auch zufällig zusammengekommen. Wir drei Mädchen. Es wäre auch interessant gewesen, was die Jungs denken, aber gut, was Schule angeht, ticken wir wohl gleich.

Wir haben dann besprochen, was wir alles schreiben wollen, wie es aufgebaut und aufgeteilt werden sollte und was wir uns noch so alles wünschen. Wir haben uns vorgenommen, nur darüber zu schreiben, was wir wirklich erlebt haben. Oder was Freunde oder Bekannte uns erzählt haben. Wir haben mit vielen Leuten geredet und waren auch viel unterwegs. In anderen Schulen, soweit wir durften. Manche Schulleiter sehen nicht so gern, wenn andere ihren Unterricht anschauen wollen. Aber genau das wollten wir.

Und dann haben wir diese tolle Erfahrung gemacht: dass wir gemeinsam besser sind als allein. Wir hatten begonnen, jede für sich zu schreiben. Doch dann haben wir uns zusammengesetzt und überlegt, dass wir uns dieses Buch besser gemeinsam erarbeiten. Damit wir direkt austauschen können, was wir denken. Gemeinsam nach Wörtern zu suchen, macht viel mehr Spaß, finden wir. Und wenn einer müde wird, ermuntern wir uns gegenseitig. Es ist keine große Kunst, einem anderen Mut zu machen, es macht das Leben einfacher. Und uns zufrieden.

Und jetzt wollen wir uns kurz vorstellen.

Wer wir sind:

Alma de Zárate: Eigentlich ist mein Name noch viel länger! Wie das bei lateinamerikanischen und spanischen Namen oft der Fall ist. Ich habe auch noch eine kleine Halbschwester, sie wohnt aber nicht bei mir, trotzdem verstehen wir uns sehr gut! Ich wurde am 2. Dezember 1999 während eines Schneegewitters in Berlin-Charlottenburg geboren. Ich bin jetzt 13 Jahre alt und gehe in die neunte Klasse der Evangelischen Schule Berlin Zentrum oder auch kurz ESBZ.

Meine Mutter stammt aus der Nähe von Chemnitz in Sachsen, mein Vater kommt aus Cienfuegos auf Kuba. Er kam vor 22 Jahren nach Deutschland und ist hier jetzt auch eingebürgert, von ihm habe ich meinen Namen. Meine Eltern haben sich zwei Jahre nach meiner Geburt getrennt. Früher habe ich eine Zeit lang mit meiner Mutter zusammen in Mitte gewohnt. Doch vor Kurzem sind wir nach Weißensee gezogen, hier gefällt es uns sehr. Meine Mutter arbeitet in einem Musikverlag und mein Vater ist Künstler, er macht Filme und malt Bilder.

Natürlich kann ich noch gar nicht so viel erlebt haben, weil ich ja erst 13 Jahre alt bin. Ich glaube, mit einem Jahr bin ich in einen Kinderladen gekommen, der hieß »Kinderladen Pippi Langstrumpf«. Hier habe ich vier lustige Jahre verbracht. Mit fünf Jahren wurde ich dann eingeschult; nicht weil ich wollte, und auch meine Mutter war dagegen. Sondern weil es damals die Regel gab, dass alle Kinder, die spätestens im Dezember fünf Jahre alt geworden sind, im Jahr darauf eingeschult werden mussten. Ich hatte mich auf die Schule gefreut, eigentlich, aber leider kam es dann anders. Fast alle Kinder waren älter als ich, ganz oft habe ich geweint, weil ich nicht in die Schule wollte. Meine Lehrer schlugen dann meiner Mutter vor, dass ich sitzen bleiben sollte. Super: Erst zerren sie einen viel zu früh in die Schule. Und dann wollen sie, dass du das erste Jahr gleich doppelt machst. Ich war dagegen, meine Mutter auch, meine Freunde auch: Sollte ich sie jetzt alle im Stich lassen? So kam ich also in die zweite Klasse und habe dann immer zu Hause mit meiner Mutter lesen geübt. Manchmal war ich ganz schön verzweifelt, weil ich es einfach nicht geschafft habe. Aber jetzt bin ich wahrscheinlich eine der größten Leseratten der Welt!

Wenn ich nicht gerade lese oder Musik höre, treffe ich mich mit Freunden. Und dann habe ich auch noch was entdeckt. In der fünften Klasse hatten wir einen Roboter-Kurs, wir konnten aus Legoteilen und einem Motor Geräte basteln und sie dann programmieren. Ich hätte nie gedacht, dass mir das so viel Spaß macht. Aber es ist toll, etwas auszuprobieren und Dinge zum Laufen zu bringen. Wir haben es wirklich geschafft, aus ein paar Einzelteilen ein Gerät zu bauen, das durch die Wohnung fahren kann. Könnte man auch kaufen, aber selber bauen macht viel mehr Spaß.

Außerdem spiele ich sehr gerne Klavier. Ich tanze jeden Dienstag in einer Tanzschule. Ich liebe Englisch und mag es, Probleme zu lösen, nicht nur in Mathe. Und ich mag es, zu verreisen. Mit meiner Oma mache ich gerne Städtereisen, und vor drei Jahren habe ich meine andere Oma auf Kuba besucht. Das fand ich sehr toll, aber leider ist der Flug dorthin immer so teuer, deshalb können wir das nicht oft machen.

Ja, das bin ich, kurz zusammengefasst. Und trotz mei-

ner Lese- und Schreibschwierigkeiten in der ersten Klasse
schreibe ich jetzt ein Buch!

Jamila Tressel: Ich bin jetzt 14 Jahre alt und gehe in die
neunte Klasse an der ESBZ. Am 22. November 1998 wurde ich in Berlin-Mitte geboren. Heute lebe ich in Kreuz-
berg. Wir wohnen dort zu fünft. In einer Vierzimmer-
wohnung, mit meinen Eltern und meinen beiden jüngeren
Brüdern, zwölf und vier Jahre alt. Meine Eltern sind beide
selbstständig. Mein Vater ist Taxifahrer und meine Mutter
Masseurin. Aber oft ist sie auch zu Hause und kümmert
sich um uns Kinder. Ich habe eine deutsche Staatsbürger-
schaft, aber bin trotzdem nicht ganz deutsch. Mein Vater
kommt nämlich aus Ghana, das ist ein Land in Westafri-
ka. Mittlerweile hat mein Vater aber einen deutschen Pass.

Da ich erst 14 Jahre alt bin, habe ich noch nicht so viele
spannende Dinge erlebt, aber ich erläutere trotzdem mal
mein bisheriges Leben in Kurzform. Nachdem ich geboren worden war, hatten meine Eltern damit zu kämpfen,
dass mein Vater überhaupt hier in Deutschland bleiben
durfte. Sie haben dann schließlich in Ghana geheiratet.
Und ich war mittendrin. Es gibt ein Hochzeitsfoto von
den beiden mit mir in der Mitte. Nach einigem Hin und
Her konnte mein Vater dann nach Deutschland kommen
und hier bleiben.

Mit knapp drei Jahren kam ich in den Kindergarten,
und mein erster Bruder wurde geboren. Nach fast vier

Jahren Spaß im Kinderhaus ging dann die Schule los. Ich wurde mit fast sieben Jahren eingeschult. Ich war anfangs ziemlich motiviert, was die Schule anging, und war auch gar nicht so schlecht. Nur habe ich mich oft in der Schule gelangweilt, weil ich meistens viel früher mit meinen Aufgaben fertig war als meine Mitschüler. Deshalb hielten mich manche Lehrer sogar für » hochbegabt«. Darum haben sie mir empfohlen, schon nach der vierten Klasse auf ein Gymnasium zu gehen, was in Berlin eigentlich nicht üblich ist. Hier geht man nämlich sechs Jahre in die Grundschule. Also haben meine Eltern und ich uns auf die Suche nach einem Gymnasium gemacht, das schon ab der fünften Klasse Schüler nimmt. In dieser Zeit ist mein zweiter Bruder zur Welt gekommen. Ich bin dann schließlich in eine sogenannte Schnellläuferklasse gekommen. Dieses Format ist deshalb so »schnell«, weil es die Schulzeit zusätzlich zu G8 um noch ein Jahr verkürzt: Die achte Klasse wird übersprungen.

Nach der Einschulung auf so ein Turbo-Gymnasium begann für mich der pure Stress. Unfassbar viel zu lernen und jeden Tag Hausaufgaben bis 22 Uhr am Abend, ungelogen. Wir mussten eben mehr und schneller lernen, weil wir die achte Klasse überspringen sollten. Der reinste Horror, nur noch Arbeit, keine Zeit mehr für Hobbys. Meine Eltern waren sehr geduldig und haben sich ein Jahr lang angeschaut, wie die Schule mich langsam veränderte. Ich wurde immer trauriger, hatte für nichts mehr Zeit, mochte keine

Lehrer mehr und ging nicht mehr gern zur Schule, so wie früher. Ich wurde schnell krank, selbst bei den kleinsten Anlässen, ich konnte nicht mehr gut schlafen.

Ich bin sehr ehrgeizig und wollte auch auf dem Gymnasium meine guten Noten halten. Aber ich habe mir selbst sehr viel Druck gemacht, zusätzlich zu dem, den die Lehrer mir machten. Zum Glück waren meine Eltern sehr entspannt und haben mich nach einem Jahr wieder von dieser Schule genommen. Irrwitzig irgendwie: Einerseits sollte ich eine Klasse überspringen. Und jetzt ging ich wieder einen Schritt zurück und war plötzlich wieder in meiner alten Grundschule. Da haben sie mich dann auch mit offenen Armen empfangen.

Bei der nächsten Oberschule, die ich mir suchen musste, habe ich natürlich ganz genau geschaut, worauf ich mich einlasse. Trotz meiner Gymnasialempfehlung hatte ich Gymnasien innerlich schon längst gestrichen. Ich hab mir mit meiner Mutter zusammen viele Schulen angeschaut. Meine Mutter hatte schon von der Evangelischen Schule Berlin Zentrum gehört, und so schrieb ich eine seitenlange Bewerbung. So ist das nämlich bei uns: Man muss sich bewerben und sagen, warum gerade diese Schule. Das Bewerbungsgespräch war ganz cool: Frau Rasfeld hat nur mit mir geredet und nicht mit meiner Mutter. Und ich habe von meinen Erfahrungen berichtet und davon, dass ich eigentlich viel Spaß mit Schule hatte, der mir aber gründlich verdorben wurde. Und am Ende des Gesprächs meinten Frau Rasfeld und ich, wir sollten zusammen mal dringend eine Schule gründen. Da war ich zwölf Jahre alt und voll begeistert, dass mich jemand ermutigt und versteht. Statt zu sagen, was nicht geht.

Heute bin ich eine sehr glückliche Schülerin. Ich mache auch gerne Sport, alles Mögliche hab ich schon ausprobiert. Capoeira, eine brasilianische Kampftanzart, Yoga, Basketball und Reiten. Außerdem spiele ich seit der ersten Klasse, jetzt fast acht Jahre lang, Klavier. Eine Leseratte bin ich eigentlich auch, auch wenn ich nicht besonders gut und schnell lesen und schreiben kann. Wirklich unentbehrlich in meinem Leben ist aber Musik, die ich Tag und Nacht höre. Wenn ich das nicht mache, treffe ich mich mit Freunden und unternehme was mit ihnen. Oder ich geh halt meinen Hobbys nach. Mit meiner Familie verreise ich gern; leider ist das zu fünft sehr teuer. Ich war schon viermal in Ghana, dem Geburtsland meines Vaters.

Mein Leben wird immer besser und spannender, schon allein mit diesem Buch …

Lara-Luna Ehrenschneider: Ich wurde am 14. Oktober 1997 bei Vollmond geboren, daher ist Luna mein zweiter Vorname. Ich habe auch deshalb zwei Namen, weil ich die Zweitgeborene bin. Außerdem habe ich noch zwei kleine Brüder. Der Drittgeborene hat drei Namen, Nino Lou Delfino, und der vierte heißt Moritz Leolo Noel Star. Und ich habe eine große Schwester, Leila, sie hat nur einen Namen. Berlin ist schon immer mein Zuhause, wir wohnen alle im Prenzlauer Berg. Es ist immer etwas los und ziemlich lustig. Besonders abends gefällt es mir sehr, wenn alle zu Hause sind, jeder etwas zu erzählen hat und wir viel Quatsch machen. Mein Vater arbeitet in der Medienbranche. Aber ich glaube, er wäre auch ein toller Sportlehrer. Meine Mutter ist Kommunikationswissenschaftlerin, aber zurzeit kümmert sie sich um uns Kinder. Ich bewundere, wie sie malt, und dass sie bei so vielen ehrenamtlichen Aufgaben mit Herz und Engagement dabei ist.

Ich spiele leidenschaftlich Basketball bei ALBA Berlin. Dort lerne ich ziemlich viel. Für die anderen da zu sein und sie zu unterstützen, wenn sie durchhängen. Aus Fehlern zu lernen, mit Kritik umzugehen, alles zu geben, mich und andere zu motivieren und immer mit vollem Elan dabei zu sein. Aber am meisten lerne ich, als Team zusammen zu spielen. Wir sind wie eine kleine Familie. Außerdem spiele ich Tennis, das macht meine ganze Familie. Mein Bruder will später Tennisprofi werden, und er ist auf einem guten Weg, wie ich finde.

Seit über drei Jahren spiele ich jetzt Klarinette. Zuvor habe ich Blockflöte gespielt. Wenn ich jetzt noch mal darüber nachdenke, würde ich wahrscheinlich lieber Gitarre spielen. Ich liebe Musik, coole Rhythmen und tanzen, deswegen steppe ich schon seit sieben Jahren. Das Steppen habe ich angefangen, nachdem ich eine Tanzshow gesehen habe. Da war ich acht Jahre alt, ich war wie von den

Socken und wollte auch so wie die Tänzer auf der Bühne über den Boden wirbeln. Und meine Mutter hat mich dann zur Tanzschule gebracht. Wenn ich dann noch Zeit habe, lese ich gerne, höre Musik, treffe mich mit Freunden, fotografiere alles, was mir vor die Linse kommt, und male oder baue Skulpturen. Außerdem setze ich mich für die Umwelt ein, bei »Plant for the Planet«. Das ist die weltweit größte Organisation von Kindern, die mittlerweile in 72 Ländern aktiv ist. Wir pflanzen Bäume, um etwas gegen den rücksichtslosen Umgang mit unserer Natur zu machen und zu zeigen, so kann es nicht weitergehen! Im Sommer habe ich den Rettungsschwimmerschein gemacht.

Ich wurde mit fünf Jahren eingeschult. Nicht weil ich ein totaler Überflieger war, sondern weil ich im Oktober geboren bin. Das heißt, bei der Einschulung im August war ich noch fünf Jahre alt, und zwei Monate später hatte ich das normale Einschulungsalter erreicht. Schon nach einer Woche wollte ich nicht mehr zur Schule. Ich war kaum dort, und schon musste ich heulen. Aber nicht wegen der Schule, sondern wegen meiner Schwester. Die war richtig krank, ein gefühltes Jahr lag sie im Krankenhaus, mit einer Lähmung, ganz kompliziert. Richtig schlimm war das, und ich konnte mich nicht darauf konzentrieren, was die Lehrerin sagte. Erst kullerten mir langsam die Tränen runter, und ich weiß noch, wie ich versucht hatte, sie zu unterdrücken. Weil ich doch jetzt ein Schulkind war und eine von den Großen. Das hatten sie uns ja auch so erzählt. Aber die Tränen wurden immer mehr. Ich dachte an meine Schwester, sackte mit dem Kopf auf den Tisch und heulte. Ich weiß noch, wie meine Nachbarin mich an der Schulter streichelte, aber wir durften ja nicht reden, wegen dem Unterricht. Und dann kam meine Lehrerin und meinte, ich solle rausgehen und vor der Tür warten, bis sie mich wieder reinholt. Und dann saß ich den Rest der Stunde alleine auf einem Stuhl im Flur und wartete auf meine Lehrerin. Die kam aber nicht. Erst nach der Stunde ging die Tür auf, die Kinder kamen mir entgegen, und die Lehrerin sagte, ich könne jetzt wieder rein. Warum ich geweint habe, hat sie mich nicht gefragt. Sie hat nur gesagt, ich solle mir noch die Hausaufgaben von der Tafel abschreiben. Zu Hause habe ich dann meine Mutter gefragt, ob die Lehrerin kein Herz hat.

Es half auch nicht, dass meine Eltern der Lehrerin unsere Situation erklärten. Ein solches Erlebnis wünsche ich keinem Kind. Du bist traurig und denkst an deine Schwester und hoffst, dass es ihr schnell besser geht. Du weißt nicht, was du machen sollst, und dann kullern die Tränen. Und dann sagt dir jemand, bei dem du vor Kurzem noch willkommen warst, dass du mit deinem Geheul den Unterricht störst und deine Mitschüler beim Arbeiten behinderst. Es ging vielleicht damals darum, Buchstaben oder Wörter nachzuschreiben, vielleicht Mama oder Papa oder Schwester. Und dann darfst du nicht an sie denken. Warum eigentlich darf man in der Schule nicht weinen?

Aber ich hatte auch eine gute Zeit auf der Grundschule, nachdem ich zum Glück eine neue Klassenlehrerin bekommen hatte: Frau Zaumseil! Allein ihr Name klingt schon lustig. Frau Zaumseil hatte die seltene Gabe, dass sie jeden Schüler so genommen hat, wie er war. Sie hat an jeden einzelnen Schüler geglaubt, ihm Mut gemacht, das Positive herausgehoben und immer wieder gemeinsame tolle Ziele gesetzt. Ich habe mich sehr ernst genommen und wichtig gefühlt. Für dieses gute Gefühl werde ich immer dankbar sein. Das hat mich auch stark nachdenken lassen, welche Schule für mich nach der sechsten Klasse die richtige ist. Meine Freunde sind alle woanders hingegangen.

Zur Evangelischen Schule Berlin Zentrum kam ich, weil ich in der »Plant for the Planet«-Akademie, die von Schülern der ESBZ geleitet wurde, die Schule kennengelernt hatte. Ich war von der Akademie und dem Gedanken, dass Kinder, also auch ich, sich engagieren und damit etwas bewirken können, total begeistert. Und so habe ich in allen Klassen meiner Grundschule einen Vortrag zum Klimawandel gehalten. 50 Kinder wollten daraufhin Klimabotschafter werden, und ich habe dann in meiner Grundschule selbst eine Akademie organisiert. Ich wollte unbedingt auf die ESBZ und habe mich beworben. Ich hatte Glück. Ich bekam 2010 einen Platz. Es konnte mir nichts Besseres passieren als diese Schule!!!

Wenn mich jemand nach meinem Vorbild oder Idol fragen würde, würde ich sagen, jeder muss sich selbst finden und seinen eigenen Weg suchen. Aber dennoch ist es wichtig, sich jemanden zu suchen, der einem Kraft gibt durch das, was er geleistet hat. Dieser Jemand ist bei mir Nelson Mandela. Viele Menschen setzten sich für Gerechtigkeit ein, doch er hat sich trotz 27 Jahren Haft nicht unterkriegen lassen. Er zeigte keine Angst, sondern Willen für seinen Traum. Vielleicht ist Nelson Mandela auch so wichtig für mich, weil ich in Südafrika schon mal auf Robben Island war, wo er so lange eingesperrt war. Ich habe dort seine Zelle gesehen und eine Ahnung davon bekommen, was er durchgemacht hat. Ich verreise sehr gerne mit meiner Familie, denn es ist immer lustig. Und ich liebe es, andere Kulturen kennenzulernen.

Das bin ich, eigentlich ganz normal. Aber trotzdem schreibe ich jetzt ein Buch.

Kapitel 1: Wie wir lernen wollen
und was uns wichtig ist

Wir halten Schule für eine der besten Erfindungen der Welt. Was kann es Schöneres geben, als jeden Tag an einem festen Ort seine Freunde zu treffen und mit ihnen Zeit zu verbringen? Nicht nach ihnen suchen zu müssen, weil beschlossen ist, wo und wann wir sie sehen werden?

Und dann ist auch klar, dass wir ziemlich lange zusammenbleiben werden. Wer nicht auf eine Gemeinschaftsschule geht, wird nach der vierten oder sechsten Klasse von vielen Mitschülern getrennt. Doch wer in eine Gemeinschaftsschule geht, wie wir es tun, weiß am ersten Schultag, dass er von nun an mit seinen Mitschülerinnen und Mitschülern mindestens zehn Jahre lang zusammenbleiben darf. Das ist doch mal eine Perspektive, das ist doch mal ein Ausblick. Du kannst dich kennenlernen und gemeinsam Großes tun.

Und wie toll ist es außerdem, morgens aus dem Haus zu gehen, um zu lernen? Dinge zu erfahren, von denen man noch nie etwas gehört hat? Fragen zu stellen und Antworten zu bekommen? Herausgefordert zu werden und sich beweisen zu müssen?

Schule ist nichts anderes als eine große Gemeinschaft, die sich mit jedem Tag neu verabredet, abends vielleicht ein bisschen schlauer zu sein als am Morgen. Viele unterschiedliche Menschen treffen sich in einem großen Haus und können miteinander reden und sich austauschen. Können Pläne schmieden und sich überlegen, was sie so alles losmachen wollen und ob es möglich ist, seine Träume zu verwirklichen. Wo gibt es das schon, einen Platz, an dem Leute mit unterschiedlichen Erfahrungen zusammenkommen, um sich Gedanken zu machen über das Leben? Und im besten Fall eine wirklich gute Zeit miteinander zu haben?

Es gibt bestimmt tolle Schulen, die sind solche Orte. Aber für die meisten, die wir kennen, ist Schule eher Frust. In Deutschland gehen Millionen Mädchen und Jungen zur Schule. Und die meisten sind voll genervt. Lehrer sind für sie das Schlimmste, was es gibt, und sie kommen nur zum Unterricht in der Hoffnung, er fällt aus. Das Beste, was ihnen in der Schule passieren könnte, ist ein Lehrer, der wegen Kopfschmerzen drei Wochen zu Hause bleibt. Ganz schön böse, was manche Schüler ihren Lehrern wünschen.

Und jetzt kommen wir und sagen: Alles easy. Das ist so sensationell, da fallen einige aus allen Wolken. Oder die Kinnladen klappen runter. Offensichtlich ist es nicht vorgesehen, dass man gute Laune haben kann, wenn man in die Schule geht. Für viele scheint es normal zu sein, dass man sich viele Jahre seines Lebens irgendwo hinschleppt. Sich mit 30 Leuten in einen Raum einschließt und auf Stühlen sitzt, mit denen man nicht mal kippeln darf. Stühle, die gleich groß oder klein sind, ob im ersten oder im dreizehnten Schuljahr. Wir werden immer größer, nur die Stühle bleiben klein. Und wenn wir uns anschauen, welche Stühle diese ganzen Büroleute haben, die Erwachsenen: Das sind Stühle mit Rückenlehne, mit denen kann man wippen, die kann man kleiner und höher stellen. Und man kann rollen und sich drehen, und wenn die Leute Probleme mit dem Sitzen haben, gehen sie zum Arzt und bestellen sich einen neuen tollen Stuhl. Das können wir nicht. Wir müssen einfach sitzen bleiben. Was für ein Theater, wenn mal einer aufsteht oder seinen Stuhl in Bewegung setzt, weil einem langweilig ist.

Deswegen wollen wir mal aufschreiben, was vielleicht besser geht, wie es anders geht.

Wenn wir uns die Debatten um Schule und Lernen anschauen, im Fernsehen oder in den Zeitungen, dann reden vor allem Menschen, die längst aus dem Alter raus sind. Kultusminister denken darüber nach, ob wir ein Jahr weniger oder mehr in der Schule verbringen sollen, ohne uns genau zu sagen, was wir in diesem Jahr mehr oder weniger besser können sollen. Sogenannte Experten beugen sich über Bildungspläne und bestimmen, was wir in welchem Alter wissen sollten. Solche Sachen. Aber niemand fragt uns, die Beteiligten, die Betroffenen, was wir denken. Wie es uns geht. Was wir machen würden. Ist das nicht verrückt? Auf Kinder und Jugendliche braucht keiner zu achten und nicht zu hören, die haben eh nichts zu sagen.

»Wenn ich das deutsche Schulsystem benoten müsste, würde ich die Note davon abhängig machen, wie es den Schülern geht. Ich habe nämlich den Eindruck, dass Schule für die meisten nur Mathematik, Deutsch, Geschichte, Englisch und so was ist. Spaß oder Freude würden die nie mit Schule in Verbindung bringen.« *Anton, 12*

Aber wir mischen uns jetzt ein. Wir wollen uns nicht damit abfinden, dass die Dinge nicht zu ändern sind. Wir sind nämlich auch Bildungsexperten und wir wissen, wovon wir reden. Lange, bevor wir überhaupt den ersten Klassenraum von innen gesehen haben, haben wir jede Menge gelernt. Aus uns heraus, weil wir es wollten und weil wir Spaß daran hatten. Mehr als die Hälfte davon, was ein Mensch im Lauf seines Lebens lernt, lernt er in den ersten fünf Jahren: ohne Schule, ohne Lehrer, ohne dieses ganze Vergleichen und Werten. Es geht also auch anders. Deshalb lasst uns bitte mal darüber reden, wie das Lernen wieder Spaß machen kann. Und uns so begeistert, wie es jeden von uns begeistert hat, als wir klein waren.

»Welche Schule ist eigentlich führend in Neugier?«

Wir haben uns überlegt, dass wir zuallererst ganz viele Schüler und Eltern und Lehrer fragen wollen, wie es ihnen mit all dem so geht. Alle reden immer von der Pisa-Studie, die vor zehn Jahren eingeführt wurde und mit der sich jeder verrückt macht. Diese Untersuchung vergleicht die Leistungen in Schulen und Ländern miteinander und verteilt dann Punkte. Alle drei Jahre wird eine Tabelle veröffentlicht wie beim Sport, und dann gibt es ein Ranking, gibt es Ergebnisse, gibt es Plätze. Mal siegt Schanghai, dann Schweden, Deutschland landet meistens in der Mitte. Es geht um schneller, höher, weiter, um die Besten. Aber nie wird gefragt, wer bei Langeweile an der Spitze steht oder bei Desinteresse der Lehrer oder schlechtem Schulessen oder was die Schüler am meisten begeistert oder nervt. Ob sich Lehrer und Schüler gut verstehen. Was für einen Menschen wichtiger ist: ob er sich mit Prozentrechnen auskennt oder in der Lage ist, mit einem Misserfolg umzugehen, einer Enttäuschung. Wie er sich verhält, wenn es Konflikte gibt. Ob er es schafft, zwischen zwei Streithälsen zu vermitteln.

Deshalb haben wir einen eigenen Fragenbogen entwickelt.* Wenn ihr so wollt: einen eigenen Pisa-Test. Wir wollten wissen, wie gerne man zur Schule geht, welche

---

* Den Fragebogen findet ihr hinten im Buch auf Seite 181.

Erfahrungen man dort gesammelt hat, wie die Beziehung ist zwischen Lehrer und Schüler, was das Besondere an der Schule ist, was man gern verändern würde, wie das Schulessen schmeckt, wie die Traumschule aussehen sollte. Und was man so lernt.

Es war wirklich schwierig, diese Fragebögen zu verteilen, viele Schulleiter haben uns das verboten. Mit der Begründung, »dass wir so etwas an unserer Schule nicht machen«. Aber dort, wo wir es doch geschafft haben, waren die Antworten teilweise erschreckend.

Wie die hier:

»Ich erlebe die Lehrer als autoritär und sehr distanziert. Wenn man mich nach Besonderheiten an meiner Schule fragt, sage ich: Es gibt keine.« *Schüler, 15*

»Ich soll meine Traumschule beschreiben? Die gibt's nicht. Schule ist immer scheiße.« *Schüler, 12*

»Die Schule ist langweilig, monoton und alt. Wenn ich was zu sagen hätte, würde ich alles verändern: den Unterricht, die Klassenräume, es gäbe besseres und frisches Essen. Die Toiletten wären sauber, wir würden in kleinen Gruppen lernen und wirklich Spaß am Unterricht haben.« *Schüler, 14*

»Meine Schule ist unorganisiert, groß und chaotisch. Man kann Dinge, die einen interessieren, im Unterricht nicht wirklich ansprechen. Meistens redet der Lehrer die ganze Zeit. Wenn ich mir eine Schule ausmalen sollte: Sie wäre bunt, sie hätte eine Klimaanlage, es gäbe mehr Lehrer und längere Pausen. Und ein Schulessen, das preiswert wäre.«
Schüler, 13

Auf die Frage, wie er das Verhältnis zu seinem Lehrer beschreiben würde, meinte ein Schüler (16): »als gescheitert«. Solche Antworten gab es ganz viele.

Mehr als die Hälfte der Schüler, die wir befragt haben, empfindet den Unterricht als »langweilig« und geht »nicht gern« in die Schule. Fast alle bemängeln schlechtes Essen, und ganz viele verstehen sich nicht mit ihren Lehrern. Die einen schreiben, dass sie sich von den »meisten Lehrern nicht ernst genommen« fühlen, andere wollen mehr Respekt, und manche fürchten sich sogar in der Schule.

»Ich habe Angst vor meinem Lehrer.« *Schüler, 12*

Uns macht das traurig. Es deprimiert irgendwie. Einerseits. Auf der anderen Seite wollen wir uns nicht damit abfinden, und es stecken ja sogar Vorschläge in den Antworten. Wir wollen was verändern. Wir merken selbst, wie toll Schule sein kann. Und wir glauben daran, dass sich Dinge ändern können. Die Welt bewegt sich, wir sollten das auch tun.

Was hindert uns daran, dass wir bald einen ganz neuen Pisa-Test haben? Einen, an dem sich Tausende Schüler beteiligen? Einen, der uns fragt, wie neugierig wir sind oder welche Länder die Schlusslichter in Langeweile sind?

»Wir brauchen einen neuen Lehrplan«

Was uns fehlt, ist ein neuer Lehrplan. Nicht nur ein bisschen anders muss er sein. Sondern komplett neu. Was sollte man können? In der Schule lernen?

Da fällt uns eine Menge ein. Freundlich sein zum Beispiel können die wenigsten. Wenn wir an einem Schalter stehen, und da sitzen Leute, die einen anschauen, als würden sie dir gleich am liebsten ins Gesicht springen – wir würden sie alle entlassen.

Hilfsbereitschaft wäre auch so ein Punkt. Man sieht kaum noch jemanden, der einer Mutter mit einem Kinderwagen hilft, in den Zug zu kommen. Oder in der Straßenbahn aufsteht, wenn ein alter Mann einen Platz sucht. Die Leute sollten mehr aufeinander achten, gerade in einer großen Stadt, in der so viele unterwegs sind, die sich pausenlos helfen und sich das Leben leichter machen könnten. Aber die meisten Menschen sind nur mit sich beschäftigt. Die wenigsten unterhalten sich in der U-Bahn, jeder ist für sich allein. Grausam.

Warum gibt es so viele Einzelkämpfer?

»Auf der Grundschule hat mir mal ein Lehrer gesagt, ich sollte mich nicht so viel um die anderen kümmern, ihnen bei Aufgaben helfen, weil letztendlich doch nur die eigenen Ergebnisse zählen.« *Schüler, 12*

Wer etwas besser weiß oder schneller versteht und seinen Freund abschreiben lässt und dabei erwischt wird, bekommt eine Strafe. Die schlechteste Note, die es gibt. Wofür? Für Hilfsbereitschaft.

Ist es nicht unheimlich nett, einem anderen Menschen zu helfen, der in einer ungemütlichen Situation ist? Totalen Stress hat? Panisch ist, weil er vielleicht ein Langsamlerner ist? Und nicht in 45 Minuten zehn Seiten vollschreiben kann?

Und was bedeutet es, wenn man einem anderen nicht hilft? Das heißt doch, das Mädchen oder der Junge neben mir hat mir gefälligst egal zu sein. Und soll sein Problem gefälligst allein lösen. Selbst schuld, wenn er oder sie nicht kapiert. So macht die Schule uns zu Einzelkämpfern. Und wenn wir rausgehen, sollen wir wieder Gemeinschaftsmenschen sein. Das ist ja das Absurde. In der Stadt hängen Plakate wegen Zivilcourage, und Politiker erzählen im Fernsehen über Gemeinschaft und dass niemand allein bleiben soll. Und wir bekommen eine auf den Deckel, wenn wir Klassenkameraden aus der Patsche helfen. Es heißt doch immer, die Unternehmen suchen teamfähige und sozial engagierte Mitarbeiter. Wäre die Schule dafür nicht eigentlich zuständig?

Wenn also Hilfsbereitschaft und Freundlichkeit ein Unterrichtsziel wären, dann würde sich einiges verändern in unserer Gesellschaft. Warum konzentrieren wir uns nicht auf das, was wichtig ist?

»Wir lernen auf unserer Schule Verantwortung. Verantwortung übernehmen, wo können Kinder das heute noch?« *Paul, 14*

Was müsste noch in einem neuen Lehrplan stehen? Verantwortung vor allem. Wir glauben, dass es ziemlich wichtig ist, Verantwortung zu übernehmen. Weil jeder auf den anderen angewiesen ist und mal Hilfe braucht. Dann ist es gut, wenn einer da ist und sagt: Ich kümmere mich. Und der andere vertraut ihm. Vertrauen und Verantwortung gehören ganz eng zusammen. Ohne Vertrauen keine Verantwortung.

Wir haben uns mal überlegt, wann wir zum ersten Mal Verantwortung übernommen haben. Also gemerkt haben, dass wir uns richtig kümmern und die Folgen tragen müssen. Als unsere Eltern zum ersten Mal abends aus dem Haus gingen und wir auf ein kleines Geschwisterchen aufpassen sollten. Und ein bisschen Angst hatten, dass das Kleine vielleicht schreit und man es nicht beruhigen und ihm nicht erklären kann, wo Mama ist. Oder das erste Mal alleine einkaufen waren und Furcht davor hatten, das Geld zu verlieren.

Aber eigentlich ist es ziemlich wenig, was wir machen müssen, und Verantwortung ist dafür ein zu großes Wort, könnte man sagen. Mal den kleinen Bruder oder die kleine Schwester vom Kindergarten abholen. Die Spülmaschine ausräumen oder den Tisch decken. So Sachen. Aber das sind kleine Jobs, so Pflichtaufgaben, die haben so richtig nicht mit Verantwortung zu tun. Außer vielleicht nicht zu schlecht in der Schule zu sein. Dafür haben wir schon Verantwortung.

Wir kennen kaum Kinder, von denen wir sagen würden, die haben richtig Verantwortung. Uns fallen einfach keine Beispiele ein. Doch, eins aus Büchern: bei den Geschichten der »Drei Fragezeichen«, das sind Detektive, die Verbrechern nachspüren und mysteriöse Fälle lösen. Oder bei Mogli aus dem »Dschungelbuch«, der sich um Tiere kümmert und die Ordnung im Wald.

Das war früher noch anders, davon erzählen unsere Großeltern manchmal. Die Kinder vor 30, 40, 50 Jahren halfen auf dem Bauernhof, in den Betrieben ihrer Väter, sie hatten echte Aufgaben. In Bayern zum Beispiel waren die Sommerferien länger also anderswo, weil die Bauernkinder bei der Ernte helfen sollten. Und die Herbstferien hießen damals Kartoffelferien, weil die ganze Familie Kartoffeln vom Acker holte.

Wer Verantwortung übernimmt, lernt auch, Dinge auf die Reihe zu kriegen und sich nicht alles vor die Nase setzen zu lassen. Das ist wichtig fürs Leben. Und in der Schule sollen wir fürs Leben lernen, aber dort gibt es eigentlich nichts, wofür wir Verantwortung übernehmen könnten;

weder für den Unterricht noch für den Lehrplan. Weder für die Gestaltung der Klassenräume noch für die Auswahl der Lehrer. Wo so vieles vorgegeben wird, ist auch kein Freiraum für Verantwortung.

Warum nur ist es so schwer, einen Platz zu finden, wo Kinder Verantwortung übernehmen können? Das liegt vor allem daran, dass viele Erwachsene uns einfach nicht zutrauen, wichtige Aufgaben zu machen. Sie meinen, wir sind nicht alt genug dafür.

»Ich habe versucht, in einem Kindergarten mitzuhelfen. ›Tut uns leid, wir haben daran kein Interesse, komm wieder, wenn du älter bist‹ – wie oft habe ich das gehört! Ich dachte, die Erzieherinnen würden sich freuen, wenn ich ihnen freiwillig helfe, ausgerechnet Erzieherinnen, die sollen doch so überlastet sein. Und wer kann eigentlich Kinder besser verstehen als wir Kinder?« *Schülerin, 13*

Schwierig ist auch, in einem Tierheim Verantwortung zu übernehmen. Warum? Das ist eine gute Frage. Oft hören wir, wir sind zu jung. Wir fragen: »Wieso? Wozu sind wir zu jung? Um Hunde auszuführen? Katzen zu streicheln? Sachen zu sortieren? Einen Käfig zu fegen?« Es ist wirklich lustig. Wir rufen irgendwo an und bieten an, eine Verantwortung zu übernehmen. Und die Leute am anderen Ende der Leitung sagen uns: »Das geht nicht, wir haben niemanden, der für dich die Verantwortung übernimmt.«

»Damit wir Verantwortung lernen können, muss ein anderer auf uns aufpassen. Was haben die eigentlich für ein Bild von uns?« *Schülerin, 14*

Dass wir unfähig sind und sie uns nicht ernst nehmen müssen, weil wir ja nur Kinder sind?

Auch auf dem Lehrplan stehen müsste Zuverlässigkeit. Das ist ganz zentral. Ich will mich auf andere verlassen können, so wie auch andere sich auf mich verlassen können sollen. Dazu Teamfähigkeit und Wertschätzung: die Arbeit der anderen anzuerkennen und nicht runterzumachen. Eher darauf zu schauen, was gut ist, und weniger danach zu suchen, was schlecht ist. Es ist total einfach, Dinge schlechtzureden, das hat auch viel mit Neid zu tun. Wenn ein anderer Dinge gut macht und du vielleicht gerne selbst so einer wärst.

Manchen fällt es so schwer, andere zu loben. Auch das muss man lernen, wie wir an unserer Schule. Denn das ist ganz schön schwierig. Die Leute meckern lieber, als dass sie loben. Dabei macht man sich damit nur das Leben kaputt.

Jeder Mensch hat doch diesen Super-Erfolg hinter sich: Er kann auf eigenen Füßen stehen. Alleine dafür müsste man sich schon den ganzen Tag loben. Doch irgendwann reicht es mit dem Laufen nicht mehr, dann musst du sprinten. Und die Erwartungen werden größer, und die Enttäuschung am Ende auch. Es gibt im Leben eigentlich immer mehr Enttäuschungen. Aber damit muss man lernen, umzugehen. Und eher auf seine Stärken schauen und darauf aufbauen.

Und man müsste lernen, an Fehlern nicht zu verzweifeln. Etwas falsch zu machen, ist vollkommen in Ordnung. Es heißt doch immer: Scheitern als Chance. Und das Scheitern fängt ja schon früh im Leben an. Wenn du als kleines Kind zu laufen versuchst, fällst du erst einmal hin. Und das immer wieder, du hältst dich an der Tischplatte fest und knallst doch wieder auf die Nase. Total krass, was für ein Durchhaltevermögen kleine Kinder haben. Immer wieder aufstehen und immer wieder hinfallen. Das ist das Normalste der Welt, keiner läuft von allein los. Du lernst, ganz viel zu probieren und zu experimentieren. Und dann wird das Scheitern immer seltener, weil du Schritt für Schritt machst und schließlich eine lange Strecke laufen kannst.

Wir regen uns echt über Leute auf, die immer sagen: klasse, perfekt. Das Wort hört man so oft, wir können es nicht mehr hören. In der Werbung, auf dem Schulhof, im Fernsehen – alles muss perfekt sein. Das ist auch eine Beleidigung, weil niemand perfekt ist. Oder sein kann. Dass man so tut, als könnte man alles kontrollieren und habe alles im Griff, und beim kleinsten Fehler geht man in die Luft, weil man so unter Druck steht. Eine Maschine kann vielleicht perfekt sein, aber nicht ein Mensch. Wer von sich behauptet, er mache Dinge perfekt, ist ein bisschen seltsam. Und mehr als eingebildet.

»Jeder sollte so lernen können, wie es für ihn klappt«

Wir wissen gar nicht so genau, welche Fähigkeiten in uns schlummern, und staunen jeden Tag, was so alles möglich ist. Was die Menschen alles so für Ideen haben: Wir schicken Informationen durch die Luft, die wir nicht mal sehen. Wir erfinden Geräte, mit denen wir fliegen können, obwohl wir keine Flügel haben. Wir können innerhalb einer Sekunde jemanden am anderen Ende der Welt erreichen.

Oder allein, dass wir laufen können. Nach vorn. Nach hinten. Zur Seite. Wir können jederzeit die Richtung wechseln. Oder es auch lassen. Wir können träumen, wir können uns was vorstellen. So sind die größten Erfindungen entstanden. Wahnsinn. Wir Menschen sind ein einziges Wunder, eigentlich ist doch jeder Mensch ein Weltwunder.

Und jetzt kommt so ein Weltwunder in die Schule. Wir können hören, wir können sehen, wir können riechen, wir können tasten. Wir haben gelernt, wie man spricht, wie man läuft, wie man Sachen hochhebt. Welche Grimassen du ziehen musst, dass dir deine Eltern Gummibärchen schenken, und wie du Gefühle ausdrückst. Fünf, sechs Jahre lang hast du dir das alles beigebracht. Weil du gesehen hast, wie andere es machen, und weil du es auch können wolltest. Und das alles ohne Druck. Du hattest alle Zeit der Welt, um zu lernen.

Wir können uns wirklich noch daran erinnern, wie das zum Beispiel mit dem Essen war: wie wir können wollten, was unsere Eltern konnten. Die konnten nämlich eine Gabel in der Hand halten und mit einem Messer schneiden, und wir haben es so lange geübt, wir haben es versucht und sind auch gescheitert, bis wir es endlich geschafft hatten. Wow! Da waren wir so richtig stolz. Oder als wir das erste Mal auf dem Fahrrad saßen und fahren konnten, ohne umzufallen. Oder wie wir das erste Mal geschwommen sind, ohne Wasser zu schlucken.

Keine von uns ist jetzt Hirnforscher oder so, aber wir haben mal überlegt, wie Lernen funktioniert. Manche lernen, wenn sie etwas gesagt bekommen. Andere, wenn sie selbst etwas herausfinden. Und wieder andere lernen gar nicht, weil sie denken, sie seien nicht schlau genug, könnten kein Mathe oder Deutsch oder Kunst. Darauf müsste sich die Schule einstellen. Wer besser lernt, wenn ihm Informationen übermittelt werden durch Vorträge, sollte sich mit dem, dem es ähnlich geht, in einem Raum treffen und dort dem Lehrer zuhören. Schüler, die am besten lernen, wenn sie selbst Dinge herausfinden, Texte bearbeiten, Experimente machen und sich mit Unterstützung von Lehrern und anderen Schülern ein Thema erarbeiten können, bekommen auch einen eigenen Platz. Und wer große Schwierigkeiten hat, erhält Hilfe von Schülern, die in einem Fach besonders schlau sind. Auch die Lehrer helfen, sie zu fördern und zu fordern. Wir sind unbedingt dafür, dass wir Kinder wieder lernen, wie man sich selbst etwas beibringt, wie früher.

Als wir klein waren, haben wir uns sogar eine Fremdsprache beigebracht: Deutsch, das konnten wir vorher nicht. Jedes Baby ist ein Fremdsprachenschüler. Wären unsere Eltern Chinesen oder Franzosen, könnten wir auch diese Sprachen. Ein Freund von uns sprach mit fünf Jahren Deutsch, Dänisch, Englisch und Schwedisch. Er ist in Berlin aufgewachsen, seine Mutter ist Dänin, sein Vater Engländer, und im Kindergarten hat er Schwedisch gelernt. Und gut drauf ist er auch noch, überhaupt kein Angeber. War ja auch keine große Leistung von ihm, die Sprachen zu lernen, das hätte jeder in seiner Situation gekonnt. Weil Lernen eben eher nebenbei passiert, wenn man es nicht merkt. Das ist ja das Schlimme: Um das Lernen wird so ein großes Theater gemacht. Ein Riesenbrimborium. Dabei ist es das Einfachste auf der Welt. Kinderleicht, babyleicht sogar. Aber dieses Selberlernen wird einem an der Schule abtrainiert.

»Es bedeutet mir sehr viel, wenn ich selbstständig lernen kann. Wenn mir überlassen wird, wann ich was kapiere.« *Linda, 14*

Es gibt acht Milliarden Menschen auf der Welt. Und acht Milliarden Wege, sich ins Leben zu lernen. Jeder Mensch hat dafür seine eigene Methode. Jedes Kind sollte das Recht haben, herauszufinden, wie lernen für es am besten funktioniert.

Es ist richtig crazy, dass so viele Leute glauben, es sei das Beste, dass in der Schule einer spricht und die anderen zuhören müssen. Ist eine Möglichkeit, na klar; aber wir kriegen mit, dass die meisten Schüler mit dieser Version nicht klarkommen und sogar leiden. Man macht in fast jedem Fach das Gleiche: Man sitzt, man hört, man schreibt. Mal ein kleines Filmchen oder eine PowerPoint-Präsentation, mal ein Ausflug ins Museum. Und dann gibt es diesen Tag – das immerhin ist ein Fortschritt –, der heißt »Girls' Day«. Da werden wir durch Betriebe geführt, und uns wird gezeigt, wie die Erwachsenen heute so arbeiten. Aber das ist manchmal auch Frontalunterricht, wir gehen da hin und hören zu.

Das ist doch unmöglich. Es gibt 30 Schülerinnen und Schüler und nur eine Unterrichtsform. Vorne steht einer, und die anderen haben zu verstehen, was er sagt, und dann gibt es Arbeitsblätter zum Ausfüllen. 30 Schülerinnen und Schüler müssen sich einem Menschen anpassen, den sie vielleicht noch nicht einmal mögen, und sich alle gleichzeitig für dasselbe begeistern. Und nach 45 Minuten kommt der nächste Lehrer mit dem nächsten Fach, für das du dich begeistern sollst. Das ist so unwirklich, so krass: Wer hat sich das eigentlich ausgedacht? Und wir waren richtig erstaunt, wie viel Frontalunterricht es noch gibt. Was für ein Schlamassel.

Wir stellen uns das so vor: Da gibt es eine Presse, und da kommen wir Schüler rein, und dann drückt jemand drauf und quetscht zusammen und bringt uns in eine Form. Ob wir in diese Presse passen oder nicht. Ob wir uns wohlfühlen oder nicht: Wir sind wehrlos. Hilflos. Und damit wir diesen Irrsinn ertragen oder aushalten, verlieren wir all das, was dabei hinderlich ist: Gefühle, Hilfsbereitschaft, Selbstbewusstsein, Mitgefühl, Neugier. Das ist das Schlimmste: seine Neugier zu verlieren, weil plötzlich der Sinn weg ist. Das klingt so, als würden wir von den Nebenwirkungen einer Droge sprechen. Aber der Stoff, von dem wir reden, heißt Lernstoff.

Wie wäre es, wenn man jeden so lernen ließe, wie es für ihn funktioniert? Da gibt es so viele Möglichkeiten. Vielleicht klappt lernen für manche einfach besser, wenn man mehr praktische Dinge tut. Wenn man mehr erlebt und selbst kapiert, was da gerade vor sich geht.

»Traut uns doch endlich mal was zu!«

Vielleicht kennt ihr das von anderen Schulen. Kurz vor den Ferien, wenn alle irgendwie müde und alle Arbeiten geschrieben sind, die Noten feststehen, die Bücher eingesammelt wurden und man nicht mehr so richtig weiß, was man den Kindern jetzt noch einpauken soll, gibt es die Projektwoche. Das ist die, wie viele Lehrer sagen, sogenannte tote Zeit zwischen Zeugniskonferenz und Ferien. Dann dürfen die Schüler mal was anderes machen, es gibt so gut wie keinen Unterricht mehr. Seifenkisten werden gebaut und Musicals geprobt, es wird gebastelt und geschraubt. Manchmal erlauben Lehrer und Eltern, dass sich die Schüler eine kleine Reise organisieren und für ein paar Tage Zelten fahren, um sich mal auszuprobieren. Das sind alles tolle Sachen, und wir kennen keinen Schüler, der sich nicht auf eine Projektwoche freut. Weil es Spaß macht und man nicht den ganzen Tag in einem Klassenraum hockt und vielleicht sogar gefragt wird, was man gerne machen möchte. Sich die Tage vielleicht selbst organisiert.

Unsere Eltern haben uns mal erzählt, dass ihr schönster Unterricht der vor der Zeugnisausgabe war. Nicht wegen dem Zeugnis, sondern weil der Lehrer plötzlich ganz anderen Unterricht gemacht hatte. Der Mathelehrer, zum Beispiel, versuchte lustig zu sein und Aufgaben in der Form von richtigen Rätseln lösen zu lassen. Das war voll entspannt, und, Überraschung, das Lernen machte Spaß. Es war so spielerisch, ohne Spannung, es ging endlich mal nicht um Aufgaben, die in einem Heft standen.

Wir finden es interessant, dass sich Erwachsene vor allem dann an das Lernen in der Schule erinnern, wenn sie darüber reden, was sie begeistert hat. Oder wenn der Unterricht überraschend war und der Lehrer entspannt. Und sie das Gefühl hatten, selbst etwas zum Gelingen beigetragen zu haben. Oder, oft genug leider erst am Ende eines Schuljahres, gefragt wurden, was sie interessiert. Worüber sie gerne etwas mehr erfahren wollen.

Wenn wir solche Geschichten hören, denken wir, das ist ja ganz schön traurig: erst am letzten Schultag im Jahr ein bisschen Spaß zu haben am Unterricht.

»Man kann in der Schule Erfahrungen sammeln. Doch nicht genügend fürs Leben.« *Schüler, 14*

In der Schule müssen wir lernen, was »wichtig« ist. Zu Hause sollen wir lernen, was »wichtig« ist. Wo können wir denn mal lernen, was uns wichtig ist? Herausfinden, was uns Spaß macht? Woran wir Freude haben? Und selbst ausprobieren, was es so alles gibt. Das ist es doch, was Kinder machen: ausprobieren! Entdecken, was uns weniger liegt. Und worin wir richtig gut sind. Aber anstatt unsere Stärken weiter auszubauen, wird in unseren Schwächen herumgerührt. So, wie man Salz in eine Wunde streut. Wir wollen wissen, wie man auf den Mond fliegt. Und sollen uns lieber darum kümmern, wie Käfer kriechen. So in etwa. Weil wir die ganze Zeit damit beschäftigt sind, unsere Schwächen auf ein bestimmtes Niveau zu verbessern, lassen wir unsere Leidenschaften links liegen. Obwohl wir alles dafür tun würden, uns noch intensiver mit den Themen auseinanderzusetzen, die uns wirklich interessieren. Wir glauben, dass man Dinge nur sehr gut macht, die einem Spaß machen. Für die wir uns begeistern. Wir können uns aber nicht für alles begeistern, das ist bei jedem so.

Schule dominiert unser Leben, dabei ist sie doch nur ein Teil davon. Das ist nicht fair. Wir interessieren uns für so viel mehr: Basketball und Eislaufen, Reiten und Steppen, wie man sich unter 16 in eine Disco schmuggeln kann und sich selbst ein Ohrloch sticht. Warum Bob Marley so viel gekifft hat und Leonardo DiCaprio nur Frauen hat, die blond sind. Wir finden Museen ganz toll und würden gern mal in den Urwald fahren und nach Indien reisen, um zu schauen, wie man Tee selbst macht. Tausend Sachen, wir können die gar nicht alle aufzählen.

Hätten wir die Gelegenheit, würden wir auch gerne ausprobieren, wie sich das anfühlt, der freie Fall. Du verlierst die Kontrolle und bist wahrscheinlich high von dem ganzen Adrenalin und du vergisst alles, dein Kopf schwebt. Oder ins Weltall fliegen, um mal Schwerelosigkeit zu erfahren. Wenn das Schwere einfach mal weg ist, was muss das für ein Gefühl sein. Uns würde auch mal interessieren, uns mal eine Woche nur von Currywurst zu ernähren, sonst leben wir ja ganz gesund, Müsli und so. Es gibt so viel zu tun, Vernünftiges und Unvernünftiges: Wir überlegen uns manchmal, wie das wäre, wie ein Vogel fliegen zu können. Muss doch ein Wahnsinn sein, und so ein Vogel hat auch keine Höhenangst.

Bei einem Freund von uns hängt in der Küche eine Weltkarte; immer wenn wir da sind, müssen wir die ganze Zeit hinschauen. Alles blau und grün und braun. Und gelb sind die Wüsten. Da kann man mit einem Kamel reiten oder mal ganz schnell auf einem Pferd, muss ja nicht gleich durch ganz Afrika sein. Wir wollen eigentlich überall hin. Auf hohe Berge oder gerne auch in die tiefe See; wir wollen wissen, wie das aussieht, in vielleicht 10 000 Metern Tiefe. Da runter, aber nur mit einer Taschenlampe. Geht aber nicht, weil das Trommelfell platzt, aber vielleicht erfindet man einen Roboter, der das für einen übernimmt.

Ehrlich gesagt, wenn jetzt jemand käme und würde uns sagen, wir gehen auf eine Weltreise, mit Rucksack und Zahnbürste, wir wären dabei. Wir würden mit Kängurus um die Wette hüpfen oder auf einem Elefanten reiten. Wir finden es herrlich, zu träumen. Sich zu überlegen, was man alles so machen kann. Oder ob das nicht alles eine schöne Spinnerei ist. Aber auf der anderen Seite: Kann man nicht schauen, ob man für Träume auch in der Schule einen Platz findet? Oder sind Träume nur was für Ferien oder für später?

Wir glauben, jeder Tag ist wertvoll, und wir sollten versuchen, ihn zu nutzen und etwas Gutes daraus zu machen. Vor allem in der Schule.

Dabei hören wir immer, dass überall Menschen mit Erfahrungen gesucht werden. Wer reich an Erfahrung ist, bekommt leichter einen guten Job. Ist ja auch klar: Wer viel erlebt hat, kann mehr. Wir wollen auch so viel wie möglich mehr können. Es ist eine Sauerei, wenn wir keine Gelegenheit bekommen, unsere eigenen Erfahrungen zu sammeln. Oder nur mit Mathe, Deutsch und Englisch vertröstet werden, und davon so viel, dass wir müde nach

Hause wanken und ins Bett fallen. Platz für andere Dinge ist da nicht mehr.

Viele in unserem Alter denken nur daran, dass die Schule endlich vorbei ist. Sie reden schon morgens davon, dass sie am liebsten gleich wieder nach Hause wollen, und freuen sich wie Schmitz' Katze, wenn mal zwei Stunden ausfallen oder der Lehrer krank ist. Ist bei uns manchmal auch so; aber eigentlich ist diese Einstellung blöd. Man sitzt die ganze Zeit rum, hört nicht zu, was der Lehrer sagt, schaltet ab, stellt auf Durchzug und denkt nur daran, wann das alles hier endlich zu Ende ist und was man nach dem Unterricht macht. Irgendwie verschwendete Zeit, für alle. Für die Lehrer, die merken, dass niemand zuhört. Und für die Schüler, weil sie das Gefühl haben, nicht gebraucht zu werden. Aber sie sind verpflichtet, jeden Tag in die Schule zu gehen, es ist ein Zwang. Das hat was von einer Armee. Wenn du nicht machst, was dein Vorgesetzter dir sagt, wirst du bestraft. Wir kennen jemanden, dessen Lehrer seiner Klasse gesagt hat, er werde Mittel und Wege finden, sie zur Arbeit zu bringen. Das ist böse.

»Eigentlich habe ich keine Zeit, meine Hobbys auszuleben. Ich hab einfach zu viel zu tun für die Schule.« *Schüler, 16*

Wie wäre es, wenn wir nicht immer nur in der Schule sind? Fortschrittliche Schulen bieten Praktika an, ein, zwei, drei Wochen. Meistens aber erst ab der neunten Klasse, wenn viele schon fast fertig sind mit der

Schule. Solche Praktika müssen früher beginnen, spätestens ab der dritten Klasse. Wir sollten so früh wie möglich lernen, selbstständig zu sein. Viele von uns sind Einzelkinder. Warum also nicht für jeden Drittklässler ein Pflichtpraktikum im Kindergarten?

Wer acht Jahre alt ist, gehört zu den Großen. Geht schon zur Schule. Das ist für Kindergartenkinder noch richtig cool. Bei uns im Kindergarten kamen auch öfter Schüler vorbei, und das war immer toll. In einer Familie übernehmen die größeren Kinder die Sorge für die Kleinen, das ist doch ganz natürlich. Nicht natürlich ist, wenn man uns das nicht zutraut. Das ist eine richtige Beleidigung, wir sind mehr als bereit, Verantwortung zu übernehmen. Und vielleicht finden manche von uns dann Gefallen an dieser Arbeit und werden später Erzieher.

Warum eigentlich findet Biologie meistens drinnen statt? Und Religion nicht in Kirchen, wir haben in Berlin so viele schöne? Je mehr wir über Schule nachdenken, umso mehr Ideen haben wir.

»Schule müsste zu einem Basislager werden, von dem man aufbricht, das Leben zu erkunden.« *Schülerin, 13*

Schule sollte zu einem Nachbarschaftstreff werden, wo sich Junge und Alte begegnen. Man müsste mehr Menschen reinholen in die Schule. Schule könnte im besten Sinne eine Art Rummelplatz werden, ein Ort voller Sensationen, ein Ort der Begegnung, wie wäre das?

Wenn plötzlich die Nachbarn mittags auftauchen und wissen wollen, was es bei uns Neues gibt. Wenn ein Rentner kommt und mit uns Fahrräder repariert? Ein Physikprofessor mit uns die tollsten Sachen probiert. Oder wir die Schulküche erobern und uns nicht mehr mit dem billigen Essen abspeisen lassen, was da oft brühwarm angeliefert wird. Was wir alles lernen würden, wenn wir nur mal selbst den Kochlöffel in die Hand nähmen!

»Wir sind dafür, dass Lehrer und Schüler zusammenarbeiten«

Vom Prinzip her ist Schule eine prima Sache: Wir Schüler wollen lernen, und die Lehrer haben deshalb den Beruf gewählt, weil sie uns etwas beibringen wollen. Also eigentlich sind das beste Voraussetzungen für einen großartigen Erfolg. Und trotzdem geht es oft nach hinten los: Lehrer und Schüler öden sich gegenseitig an und bekämpfen sich. Das ist so, als freuen sich alle auf eine gute Party, und am Ende ist jeder nur noch froh, sich schnell aus dem Staub machen zu können.

Wir können uns noch genau daran erinnern: an dieses Gefühl, als uns bewusst wurde, bald dürfen wir in die Schule. Wir waren im Kindergarten, und es gab Schokoladensuppe. Also Milch mit Kakao, aber Schokoladensuppe hörte sich besser an. Wir waren so aufgeregt: In drei Wochen würde es losgehen. Mit dem Lesen und dem Schreiben und dem Rechnen. Wir konnten es nicht so richtig fassen, dass wir zu den Großen gehören sollten. Obercool. Und dann kamen die ersten Schultage. Dass wir eine Tüte mit Süßigkeiten und kleinen Geschenken bekommen haben, war ganz schön. Und an der Tafel standen unsere Namen und darüber: »Herzlich willkommen.« Das war das erste und letzte Mal, dass so etwas an der Tafel stand, bis jetzt jedenfalls. Warum eigentlich ist man nur am ersten Schultag herzlich willkommen?

Denn am zweiten Schultag war die Tafel schon gewischt. Und am dritten Tag wurde es richtig gruselig, die Lehrerin musste einen von uns in die Klasse tragen, weil da plötzlich so eine Angst war. Das klingt komisch, aber wir Kinder fürchteten uns davor, in den Klassenraum zu gehen. Da waren 27 andere Kinder, und man musste still sein. Das war eine ziemliche Umgewöhnung nach dem Kindergarten, wo wir herumtoben konnten. Es ist schon anstrengend, plötzlich 45 Minuten am Stück fast bewegungslos zu bleiben. Still auf einem Stuhl zu sitzen und mit niemandem reden zu dürfen. Nur dann, wenn wir aufgefordert wurden. Wir hatten uns alle so gefreut, und dann so etwas. Kennt ihr das? Wenn aus einer großen Freude eine große Enttäuschung wird?

»Wenn ein Lehrer dich nicht versteht, kann das Lernen ja nicht klappen.« *Schüler, 16*

Es gibt Momente, da versteht man einfach nicht,

was der Lehrer meint. Dann wird es schlimm. Das ist so, wie wenn man in der Fremde ist und keiner begreift, was du willst. Und dann arbeiten Lehrer und Schüler gegeneinander. Das ist wie mit dem Frontalunterricht. Das Wort hat mit Front zu tun und mit konfrontieren: Und dieses Wort spielt ausgerechnet in der Schule eine so große Rolle. Und vielleicht ist es sogar richtig: Es gibt eine Front zwischen Lehrern und Schülern. So, als ob es zwei verschiedene Parteien sind, die nicht zusammenkommen. Die sich vielleicht sogar bekämpfen. Ist es nicht auch so, dass die Schüler über die Lehrer meckern und die Lehrer über die Schüler und alle über alle?

»Die Lehrer sind oft ziemlich gestresst. Dann schreien sie herum und machen die ganze Klasse verantwortlich, wenn einer stört. Zum Beispiel wenn jemand laut mit seinem Nachbarn quatscht. Ich verstehe, dass ein Lehrer dann gestresst ist. Nur sollte er sich das nicht so anmerken lassen, weil sich der Stress sonst auf uns Schüler überträgt.« *Schüler, 14*

Wie wäre das: Man macht öfter einen Rollentausch. Schüler übernehmen den Unterricht. Und verstehen so, wie herausfordernd es sein kann, so spannend zu erzählen, dass alle zuhören. Und der Lehrer würde verstehen, wie anstrengend es ist, wenn man den ganzen Tag nur zuhören muss. Wenn wir alle lernen, uns besser zu verstehen, und wenn wir uns gut vorstellen können, was der andere fühlt, ist das die halbe Miete. Klassengemeinschaft ist gut und schön, aber wie wäre es mit einer Lehrer-Schüler-Gemeinschaft? Oder Tutoren, die sich wirklich kümmern?

»Muss Unterricht eigentlich immer langweilig sein?«

Was wir bisher vom Leben mitbekommen haben, ist einfach nur aufregend. Es gibt so viel zu tun, es gibt so viel zu entdecken, und in Wahrheit, auch wenn wir meckern, haben wir so unendlich viele Möglichkeiten. Zumindest wir in der westlichen Welt. Aber die Begeisterung darüber, was alles geht, kommt in der Schule einfach nicht an.

Warum kapieren die Lehrer das nicht? Oder liegt es an den Leuten, die die Lehrpläne machen und so vollstopfen, dass keine Zeit bleibt? Wenn das Leben sprechen könnte, es würde ziemlich schimpfen. Auch weil so viel Energie verpufft. Die Anstrengung in so unnötige Richtungen geht. Und wir Kinder permanent unterschätzt werden.

»Am besten wäre es, wenn die Lehrer nur zu dem Unterricht kämen, der sie auch wirklich interessiert.« *Schüler, 14*

Dabei sind Kinder meistens schlauer und ausgefuchster, als sie scheinen. Gerade Schüler haben so manchen Trick erfunden, um Regeln zu umgehen. Regeln, die vielleicht nicht sein müssten, wenn der Unterricht ein bisschen interessanter wäre. Da gibt es beispielsweise die Regel an fast jeder Schule, dass die Handys im

Unterricht nicht ohne Erlaubnis benutzt werden dürfen. Wenn also jemand so blöd ist, sein Handy auf laut zu stellen, und es während einer Doppelstunde klingelt, zieht der Lehrer es ein. Aber was macht ein gut vorbereiteter Schüler? Er hat natürlich ein zweites Handy dabei. Sollte also sein erstes Handy unangenehm auffallen, kann er ganz cool behaupten, sein Handy sei aus. Und er kann sogar eins dem Lehrer geben, damit der zufrieden ist. Und dann unterm Tisch weiterspielen oder SMS schreiben oder kleine Filmchen aufnehmen, die er dann ins Internet stellt. Und wenn es nur dazu dient, den Lehrer bloßzustellen und allen zu zeigen, dass der nichts checkt.

»Ich langweile mich im Unterricht, weil die Lehrer einfach ihren Stoff durchziehen. Und nicht kreativ gestalten.« *Schüler, 15*

Es ist gar nicht so schwer, uns Kinder zu begeistern. Wir wollen das ja. Aber dazu brauchen wir dringend andere Aufgaben als die, die uns viele Lehrer heute geben. Wir wollen nicht nur langweilig herumsitzen und Arbeitsblätter ausfüllen, sondern wirklich etwas tun. Die Herausforderung für einen Lehrer müsste doch sein: Wie kann man einen Schüler, der mit dem Handy spielt, für seinen Unterricht begeistern? Anstatt den Eltern zu petzen, dass »Ihr Sohn/ Ihre Tochter«, wie es dann heißt, den Unterricht stört und sie dies gefälligst zur Kenntnis zu nehmen haben und ihrem Kind den Zettel ausgefüllt in die Schule mitgeben sollen. Mit solch einer Maßnahme bringt der Lehrer alle in Verlegenheit: den Schüler, die Eltern und am Ende auch sich selbst. Warum setzen sich die Lehrer nicht mit uns auseinander? Wir gehen doch in die Schule und nicht die Eltern. (Was manchmal ziemlich lustig ist: Viele Eltern schreiben ihren Kindern morgens Kurzmitteilungen, die blinken dann während des Unterrichts auf. Aber das nur am Rand.)

Jetzt mal unter uns: Wenn Sie als Lehrer einen Schüler im Unterricht mit einem Handy erwischen, sollten Sie ihm nicht nur das Handy wegnehmen. Sondern auch ihren Unterricht ändern. So gesehen könnten Handys eine Art Stimmungsbarometer sein, die anzeigen, wann die Aufmerksamkeit nachlässt. Aber was passiert, wenn dem Schüler sein Spielzeug weggenommen wird? Wird der Unterricht dadurch interessanter? Nein, nein, nein.

Und jetzt wird es richtig spannend. Wenn wir Lehrer wären, würden wir den Unterricht sofort unterbrechen. Man könnte sagen: Ey, raus hier, du bewirbst dich jetzt in einem Callcenter oder gehst in einen Laden und berätst die Leute beim Smartphone-Kauf. Und kommst nach drei Monaten wieder und berichtest. Wäre vielleicht eine Möglichkeit, aber schwierig umzusetzen.

Eine andere Möglichkeit, und die finden wir besser, wäre: Der Lehrer fragt den Schüler, warum er lieber mit dem Handy spielt, als zu hören, wann welche Kaiser wo Kriege führten. Er müsste fragen, was genau ihn daran so fasziniert? Muss ja einen Grund haben. Ist der Schüler nicht total verbockt, könnte sich ein gutes Gespräch entwickeln. Der Lehrer würde hören, was der Schüler wirklich denkt, und der Schüler würde merken, hey, der Typ interessiert sich ja für meine Meinung. Er interessiert sich auf einmal nicht nur für seinen Lehrstoff, sondern für die Lernenden. Ist ein Wunder geschehen?

Das Problem ist ja, dass der Lehrer etwas über Geschichte erzählt und gedanklich im Mittelalter ist und der Schüler gerade an Weltraumkriege denkt. Wie bekommt man diese Welten zusammen? Ganz sicher eine Herausforderung. Der Lehrer könnte nun über seinen Schatten springen und seinen Schüler ermutigen, den Rest der Stunde zu erzählen, was ihn an den Weltraumkriegen fasziniert. Oder daran, dass man die auf einem Handy spielen kann. Wie es die Menschen geschafft haben, echte Schlachten, die sich über Kontinente verbreitet haben, eines Tages auf so einem Mini-Display nachspielen zu können. Darüber nachzudenken oder zu reden, könnte wirklich aufregend sein.

(Wir müssen euch jetzt mal was beichten, wollen aber keine Namen nennen: Während wir das hier geschrieben haben, hat eine von uns, ohne dass die anderen es gemerkt haben, versucht, auf ihrem Handy ein Auto zu steuern. Das Handy in beiden Händen, das Handy als Lenkrad, konnte man es mit Körperbewegung steuern. Kippt man das Handy nach links, geht es in eine Linkskurve, hält man es gerade, geht es nicht nach rechts. Dieses Programm zum Autofahren ohne Auto findet sich auf einer Fahrschul-App, sie ist kostenlos.

Als wir ihre Spritztour endlich bemerkt hatten, meinte sie, sie sei ziemlich gut im Multitasking und könnte gleichzeitig ein Buch schreiben und Auto fahren. Sie verteidigt sich die ganze Zeit, sie findet das völlig normal, sie macht genauso viel wie die anderen, vielleicht sogar mehr. Aber jetzt, in diesem Moment, hat sie das Handy auf den Tisch gelegt. Und ihr Auto sauber geparkt. Ausgeschaltet hat sie ihr Gerät immer noch nicht, aber das Buch wird trotzdem erscheinen, glauben wir.)

Also: Wir wollen nicht eingehen wie eine Primel. Blumen können doch aufblühen. Die kann man gießen. Gut, wir wollen jetzt nicht gegossen werden, das ist nur so ein Beispiel. Aber wie eine Blume sich nach der Sonne streckt, sehnen auch wir uns nach etwas Großem. Danach, selbst zu machen. Nicht, was andere erzählen, nachzuplappern. Sondern eigene Geschichten zu erzählen. Selbst Initiative zu ergreifen. Warum können wir nicht selbst mehr im Unterricht machen?

»Warum darf ich eigentlich nicht selber entscheiden, was ich lernen will?« *Schüler, 13*

Also zum Beispiel: Wenn über Steinzeit geredet wird, warum nicht eine Woche so wie in der Steinzeit leben? Könnte man doch mal versuchen. Ist doch viel spannender, neben einem offenen Feuer zu schlafen, als davon zu hören, dass die Leute früher keine Heizung hatten oder nicht in richtigen Häusern wohnten. Nebenbei kann man so auch noch kochen lernen und man kriegt mit, bei wie viel Grad Eisen schmilzt. Ist ja nur eine Idee.

Wir kommen in die Schule mit eigenen Vorstellungen und sogar Ideen, wie wir was erreichen wollen: aber vorne steht einer, der uns zurechtweist. Unsere Möglichkeiten sieht, aber diese beschränkt. Weil schon längst eine Richtung vorgegeben ist, Bücher mit Lösungen gedruckt wurden, und wir eigentlich dazu da sind, zu bestätigen, was sich andere überlegt haben. Auf unsere eigenen Überlegungen kommt es dann oft nicht an, sie stören nur.

Bei uns an der Schule haben wir mal in Geschichte über die Trennung Deutschlands geredet, und der Lehrer hatte die Idee, dass man mal versuchen sollte, wirklich zu verstehen, was das heißt. Wenn zum Beispiel die Schule geteilt ist, in zwei Hälften. Wir haben darüber geredet, aber so richtig vorstellen konnten wir uns das nicht. Und verstanden haben wir das erst recht nicht.

Und dann hatten wir Projektwoche, und wir waren baff, als wir montags in die Schule kamen. Denn da standen zwei Tische gleich am Eingang, und alle mussten sich in eine Reihe stellen. Und als man dran war, schauten die Lehrer auf eine Liste und haben dich eingeteilt. Entweder warst du jemand aus dem Westen oder aus dem Osten. Wir haben Pässe bekommen und neue Namen. Und in der Schulküche gab es zwei verschiedene Essen. Das eine war besser als das andere, denn viele Sachen wie zum Beispiel

Südfrüchte gab es in der DDR damals ja nur selten. Das ganze Experiment hat fünf Tage gedauert, und ihr könnt euch vorstellen, dass wir heute noch daran denken. Das war wirklich spannend.

Jetzt stellt euch mal vor, wir hätten im Frontalunterricht gehört, dass es im Osten vielleicht nicht so gutes Essen gab. Nur so als Beispiel. Das meinen wir. Wir haben damals alle voneinander gelernt. Die Lehrer hatten das Experiment vorbereitet, aber wir mussten es durchführen. Jeder lernt doch nur durch eigene Erfahrungen. Durch Fertiggerichte lernt man nicht kochen. Und einen vorgekauten Unterricht wollen wir nicht.

»Wir brauchen mehr Respekt vor uns Schülern. Und der Lehrer sollte eine echte Beziehung zu uns haben.« *Schüler, 11*

Was wir hier vorschlagen, hört sich vielleicht nach noch mehr Arbeit für die Lehrer an, und die haben es schon schwer genug. Aber wenn Lehrer mehr Zeit investieren würden, um zu begreifen, was die Schüler wollen, und sie vor allem mehr selbst machen lassen würden, dann wäre auch ihre Beziehung zu ihnen viel besser. Dann hinken Schüler und Lehrer am Anfang vielleicht dem Lehrplan etwas hinterher, aber später holen sie richtig auf. Weil, ganz einfach: Wenn du den Unterricht nicht damit verbringst, gegen den Lehrer zu arbeiten, sondern mit ihm, dann klappt alles viel besser. Dann gibt es kein Unten und Oben mehr. Sondern ein Gleich und Gleich. Und wenn eine gute Beziehung zwischen Schüler und Lehrer besteht, kann man einfach besser lernen.

»Ich denke, dass die Lehrer an unserer Schule netter und entspannter sind als an anderen Schulen, weil sie hier, glaube ich, auch mehr Freiraum haben und auch die Schüler besser kennen. An anderen Schulen sind viele Lehrer nur daran interessiert, dass sie ihr Fach unterrichten und ihren Lehrplan einhalten, aber sie interessieren sich gar nicht wirklich für die Schüler und wie es ihnen geht.« *Anton, 12*

»Wir werden gebraucht, so viel steht fest«

Mal ganz ehrlich: Am liebsten wollen wir doch alle ein gemütliches Leben. Morgens so lange schlafen, wie wir wollen, abends so spät ins Bett, wie es nur geht. Ein Pony im Garten und einen großen Pool, Sonne dann, wenn es regnet, und den ganzen Tag gute Laune. Genug Geld, sich kaufen zu können, wann und was man will, gute Freunde und ein langes und gesundes Leben. Wir hätten nichts dagegen, wenn das alles von allein kommt.

Aber das ist leider nicht so. Wir stehen früh auf und haben nicht mal einen Garten. Wollen wir länger wach bleiben, gibt es Debatten, und das Taschengeld könnte auch ein bisschen mehr sein. Man muss schon was tun, um es schön zu haben. Also sich anstrengen. Das ist uns völlig klar.

Aber: So, wie viele Erwachsene heute arbeiten, so wollen wir später nicht leben! Wir kennen kaum jemanden, der nicht gestresst ist und genervt. Viele sind angestrengt und müde und nicht richtig ansprechbar.

»Manchmal sitze ich in der U-Bahn und beobachte Leute. Die Gesichter sind so richtig müde und trostlos, ohne Emotion. Oder die Menschen ziehen eine Fluppe (für Nichtberliner: Die Kinnlade hängt runter). Viele Leute schlafen auch im Sitzen ein. Ich suche dann regelrecht nach jemandem, der lacht. Oder wenigstens lächelt oder freundlich guckt. Wenn ich so viele deprimierte Gesichter sehe, frage ich mich, warum das so ist. Und ich mache mir Sorgen. Vielen scheint es richtig schlecht zu gehen. Ich glaube, dass ganz viele Erwachsene in ihrem Beruf total gehetzt werden.«
Schülerin, 14

Jede von uns kennt viele Leute, die unter Druck stehen. Die können gar nicht abschalten. Wenn sie von der Arbeit kommen, bringen sie meistens noch welche mit nach Hause und machen die Nacht weiter. Und können nicht schlafen, weil alles so anstrengend ist.

Wir glauben, dass viele Leute heute einen Job haben, der sie langweilt, in dem sie unzufrieden sind und den sie nur machen, weil sie Geld dafür bekommen. Sie schleppen sich morgens ins Büro und haben überhaupt keine Freude an ihrer Aufgabe. Und dann muss es ziemlich deprimierend sein, in diesem Beruf auch noch 40 Jahre gefangen zu sein. In der Zeitung steht, dass immer mehr Erwachsene Pillen oder Medikamente nehmen, damit sie nicht allzu traurig werden. Um die Zeit bis zur Rente zu überstehen.

Vielleicht hat das damit zu tun, dass die Leute Dinge machen, die sie nicht begeistern. Die sie nicht interessieren. Wo ihnen schlecht wird, richtig übel. Und das hat vielleicht auch damit zu tun, dass sie in der Schule nicht gelernt haben, das zu tun, was ihnen wirklich liegt. Das Übelste an der Schule ist: Man lernt dort, was man nicht will. Das ist aber zu wenig, das reicht nicht. Das ist nicht ausreichend. Mangelhaft. Ungenügend.

Wir haben mal gelesen, dass 98 Prozent aller Kinder als Genies auf die Welt kommen, da gab es irgendwann mal eine Untersuchung. Jetzt kann man sich streiten, was man darunter versteht, das kann auch jeder selbst für sich unterscheiden. Auf was es ankommt, ist eine andere Zahl: dass mit steigendem Alter die Zahl der Genies abnahm, am Ende, mit 25, galten nur noch 2 Prozent als Genies.

Das Schlimmste: Es passiert vor allem deswegen, weil alle in die Schule müssen. Wenn also die Schule anders wäre, wären wir alle zusammen viel schlauer.

Alle sagen, Erwachsene sollen unsere Vorbilder sein. Aber wir sind uns sicher, dass wir solche Vorbilder wie die aus der U-Bahn nicht gebrauchen können.

Aber können wir uns das eigentlich leisten? Die meisten Leute machen das ja, weil sie Geld verdienen müssen. Jetzt sagen viele: Wenn ihr nichts lernt oder nicht gut in der

Schule seid, bekommt ihr keinen vernünftigen Job. Wir fragen uns: Wenn wir viel lernen, kriegen wir dann etwa einen besseren Job? Das kann doch niemand garantieren. Eine Freundin von uns hat viel gelernt, am Wochenende, in den Ferien, und trotzdem nicht den mittleren Schulabschluss geschafft. Jetzt macht sie eine Lehre als Verkäuferin. Vielleicht wird sie da glücklich und bekommt dort keine Panikattacken. Denn das war der Grund dafür, dass sie die Prüfung verhauen hat: Sie war zu aufgeregt, um Mathe-Aufgaben zu lösen.

»Immer nur Leistung, Leistung, Leistung … Irgendwie sind meine Mitschüler echt angespannt.«
Schüler, 13

Kann man nur erfolgreich sein, wenn man Stress hat? Und es einem nicht gut geht? Wenn man krank wird vor lauter Druck? An den Universitäten gibt es mittlerweile fast in jedem Fach einen Numerus clausus, so eine Art Eintrittsberechtigung dafür, dass du studieren darfst. Sogar für Fächer wie Pädagogik. Dabei suchen doch alle händeringend Erzieher. Das ist schon komisch: Man muss in allen Fächern sehr gute Noten haben, um Zeit mit Kindern zu verbringen. Aber glaubt denn einer, dass Kinder ihren Erzieher nach Noten fragen? Ob die sich dafür interessieren, dass man den ganzen Tag gebüffelt hat, um besser als der Durchschnitt zu sein? Wer mit Kindern zu tun hat, sollte in erster Linie Kinder mögen. Eine Beziehung aufbauen. Mitgefühl entwickeln. Großzügig sein und geduldig und freundlich. Liebenswert und liebevoll und gerecht. Dafür gibt es aber kein Fach. Das ist richtig seltsam.

Wir haben den dringenden Verdacht, dass es in der Schule darum einfach nicht geht. Es geht auch nicht um Alma oder Lara-Luna oder Jamila und all die anderen, sondern am Ende nur darum, welche Noten sie mit nach Hause bringen. Nicht, ob sie was fürs Leben gelernt haben oder sich wohlfühlen oder Spaß hatten oder ob es ihnen gut geht. Es zählen Zahlen. Von eins bis sechs.

Das ist doch irre. Gibt es wirklich nur sechs verschiedene Arten von Schülern? Ihr sortiert uns und steckt uns in Schubladen. Kann, was jemand geleistet hat, wirklich in einer Zahl ausgedrückt und alles irgendwie auf ein Niveau gebracht werden? Wenn wir jetzt schon mal darüber nachdenken: Wie wird zum Beispiel Anstrengung berechnet? Kriegt man dafür eine Note? Kann man Begeisterung in einer Zahl ausdrücken? Wenn jemand den Sprung von einer Sechs zu einer Vier schafft: Müsste der nicht eine Extra-Belohnung bekommen, weil diese Leistung vielleicht höher zu bewerten ist als der Schritt von einer Zwei zur Eins? Wenn jemand einen super Einfall hat, aber die Rechtschreibung nicht stimmt: sollte das nicht anders benotet werden? Einstein zum Beispiel. Hätte der die Relativitätstheorie mit Ä geschrieben, wäre seine Entdeckung statt »sehr gut« nur »ausreichend« gewesen? Oder »mangelhaft«, wegen der Zeichensetzung? Oder

Mozart – der hat den ganzen Tag nur am Klavier gesessen. Mit einer »Eins« in Musik allein käme der heute wohl auch nicht weiter. Konnte der überhaupt rechnen? Oder weit springen?

Wir fragen uns: Sind Leute, die überall immer eine Eins schreiben, besser gewappnet für später? Überall gute Noten haben zu wollen, bedeutet doch vor allem: nur für Noten zu leben. Dann kannst du dir dein Leben abschminken. Keine Zeit für Hobbys. Für Freunde. Für die Familie. Für dich. Und es bedeutet: Du hast keine Gelegenheit, außerhalb des Unterrichts Erfahrungen zu sammeln. Tanzen zu lernen. Oder Musik zu machen. Sport. Dann gibt es nur noch einen Weg, den Schulweg: Du kannst zwar nach rechts und links schauen, darfst aber nicht abbiegen. Da ist ein Zaun, und dahinter ist alles mögliche Spannende. Aber du darfst nicht rüber.

Wir haben mal Leute aus der Wirtschaft gefragt, was die zum Thema Noten so meinen. Die bei der Deutschen Bahn haben gesagt, wir könnten auch ohne ein Zeugnis und supergute Noten bei ihnen anfangen. Sind wir im falschen Film? Die einen erzählen uns, wir kommen nur mit richtig guten Noten weiter. Und die anderen sagen, so wie wir sind, können sie uns gut gebrauchen. Ist doch voll verwirrend. Es gibt, das haben wir gehört, Unternehmen wie BASF oder Google oder große Maschinenbauer wie die Firma Trumpf in der Nähe von Stuttgart, wo die Personalchefs weniger auf Noten als auf den Charakter von Bewerbern achten. Sie checken eher unsere Persönlichkeit; es interessiert sie, wie wir mit anderen umgehen und mit Situationen klarkommen, die ungewohnt sind. Ob wir improvisieren können. Ob wir in der Lage sind, in einem Team zu arbeiten. Und kreativ sind. Es werden immer mehr Leute gesucht, die dem Chef auch mal Kontra geben.

Dass dies so ist, hat sich noch nicht herumgesprochen. Wir finden, es beruhigt ungemein, wenn wir uns später um Jobs bewerben können, in denen nicht das Auswendiglernenkönnen die größte Rolle spielt. Sondern unser Charakter. Und wie wir mit uns und anderen Menschen umgehen. Das muss man zuallererst in der Schule lernen, finden wir. Und üben, mutig zu sein, zum Beispiel. Wir haben mal eine Freundin überredet, mit uns in den Kletterpark zu gehen. Und sich in 20 Meter Höhe mithilfe einer Art Schaukel von Baum zu Baum zu bewegen. Das kostete richtig Überwindung, trotz Kletterausrüstung und Sicherheitsseil; wenn einer Höhenangst hat, beruhigt das auch nicht besonders. Aber wir haben da alle zusammengehalten und sie unterstützt und angespornt. Unsere Freundin war stolz und wir auch, als sie endlich wieder auf dem Boden stand.

Oder wenn man Klassensprecher ist und alle sich auf einen verlassen. Dass man dann allein die ganze Verantwortung trägt. Einer von uns ist da mal der Kragen geplatzt, und sie hat der Klasse richtig die Meinung gegeigt. Dass sie endlich in die Puschen kommen sollen und eine Klassengemeinschaft nur funktioniert, wenn jeder eine Aufgabe übernimmt und einer für den anderen einsteht. Sie hatte richtig Bammel, das laut auszusprechen, auch aus Angst, dass die Mitschüler sie blöd finden. Und sie nicht mehr mögen. Aber es war gut, den Frust endlich mal loszuwerden, und die anderen haben das irgendwie dann auch begriffen.

Um das alles zu lernen, braucht man Unterstützung. Immer dieses allein geht uns auf die Nerven, zusammen kann man viel mehr erreichen. Und es ist wichtig, dass jemand wirklich zuhört und sich Zeit nimmt, wenn da ein Problem ist.

Wir können nur sagen: Mehr miteinander reden, das hilft. Wir lernen es an unserer Schule, und das im Beruf auch so zu machen, kann ja wohl nicht so schwer sein. Wir wollen, dass Erwachsene sich wohlfühlen. Dass sich Kinder wohlfühlen, haben wir an unserer Schule schon hingekriegt. Uns geht es gut. Und das soll auch so bleiben.

Kapitel 2: Unsere Schule

Wenn wir Freunden erzählen, dass wir Spaß haben, in die Schule zu gehen, haben wir manchmal ein komisches Gefühl. Weil wir uns ein wenig schlecht fühlen: denn vielen unserer Freunde geht es nicht so gut in der Schule. Sie sind genervt vom Lernen, haben Bauchschmerzen und freuen sich über jede Stunde, in der sie keinen Unterricht haben. Sie sitzen heulend vor den Hausaufgaben und haben deswegen immer Streit mit den Eltern. Kriegen komische Krankheiten, so richtig gruseliges Zeug.

Bei uns ist das anders. Nicht, weil wir Streber sind. Oder wir nicht gefordert werden. Wir werden respektiert, es werden unsere Stärken gesucht und nicht unsere Probleme betont. Das herauszufinden, macht unsere Schule so besonders. Und das merkt man irgendwie auch gleich.

Jede von uns kennt das: Man kommt zum ersten Mal in unsere Schule, und eine Lehrerin fragt: »Wie geht es dir?« Das hat vorher noch kein Lehrer gefragt. Jetzt kann man schnell sagen: »Gut.« Oder: »Schlecht.« Oder: »Weiß nicht.« Aber es ist gar nicht so einfach, herauszufinden, wie es einem geht. Sich also Zeit damit zu lassen, welche Gefühle man empfindet, welche Gedanken einem durch den Kopf gehen. Und dann das Vertrauen zu haben, mit einem anderen Menschen darüber zu reden, auch noch mit einem Lehrer, der dir womöglich später Noten geben muss. Diese einfache Frage hat uns so umgehauen, dass wir uns gleich wohlgefühlt haben. Weil da Lehrer sind, die versuchen, dich zu sehen. Die über dich nachdenken. Und mit denen du sprechen kannst, wenn du Probleme hast. Hier darfst du mitgestalten, ausprobieren, diskutieren. Deine Meinung ist wichtig.

Unsere Schule liegt in Berlin-Mitte und ist von außen nicht so richtig schön. Man kann auch sagen: hässlich. Ein alter DDR-Plattenbau, mit der U-Bahn sind es vier Minuten bis zum Alexanderplatz. Früher ging hier die Mauer lang, jetzt sind in unserer Gegend viele Botschaften, das hat sich so ergeben nach der Wiedervereinigung. Unser Schulgebäude macht nicht gerade den besten Eindruck. Die Fenster sehen so aus, als würden sie gleich rausfallen. An den Wänden lauter Graffiti, aber daran ist man ja mittlerweile gewöhnt. Wenn man zum ersten Mal vor dem Gebäude steht, würde keiner darauf kommen, dass da eine Schule ist. Vielleicht eher eine Putzfirma oder so. Aber dieses Haus war eben frei, als ein paar Eltern 2007 eine neue Schule gründen wollten und dafür Frau Rasfeld, unsere Leiterin, aus Essen nach Berlin holten. Die Idee war schon lange da, aber ein Gebäude fehlte; sie haben das Haus erst kurz vor den Sommerferien bekommen, und so fing alles irgendwie auch an, wie es von außen aussieht: ein bisschen provisorisch.

Aber im Inneren weht ein ganz anderer Wind. Unsere Eltern haben die Räume neu gestrichen, und auf den Gängen stehen Schränke mit Schlössern, darin können wir unsere Schultaschen und unsere Jacken verstauen. Jede Klasse hat eine eigene Wandfarbe. Manche haben sich die Schüler selbst ausgesucht. Orange, Blau, Grün, Rot und sogar Lila. Die Tische haben keinen festen Platz, wir stellen sie so hin, wie wir sie brauchen. Und es gibt sogar Teppiche, nur nicht überall. In der Bibliothek kann man sich hinten so richtig hinlümmeln, da sind Sitzkissen und Sessel und Sofas. Dort müssen wir die Schuhe ausziehen, das ist dann ganz gemütlich. Manchmal findet dort auch Unterricht statt, wenn Lesestunde ist und alle ein Buch in die Hand nehmen. Relativ neu ist die Aula mit der Bühne, viel Holz und echt eine Erholung zwischen dem ganzen Beton.

Auf dem Gelände sind auch zwei Tischtennisplatten, solche aus Stein, manchmal spielt da jemand. Also, was sportliche Aktivitäten innerhalb der Pause angeht, sollte man nicht zu viel erwarten. Wenn die Jungs eine Runde kicken wollen, müssen sie aufpassen, nicht über herausstehende Wurzeln zu stolpern, von unseren Pappeln. Der Boden hebt sich hoch an den Rändern, und im Sommer liegen da die Pollen, dann sieht es aus, als ob es geschneit hätte.

Wir sind eine Gemeinschaftsschule. Das ist eine besondere Form einer Gesamtschule. Jeder ist bei uns willkommen, ob als hoch- oder tiefbegabt eingestuft. Ob man nun Alma heißt oder Lara-Luna. Wir lernen immer alle gemeinsam und werden nicht nach Noten in Gruppen getrennt. Das ist das Besondere an allen Gemeinschaftsschulen in Berlin. Kinder sortieren ist out.

Wer zu uns will, muss sich vorstellen. Also richtig begründen, warum gerade unsere Schule. Das hören sich dann die Schulleitung und ein Vertreter der Eltern an. Bei der Gelegenheit fällt uns auf, warum sitzen wir eigentlich nicht mit dabei? Ehrlich gesagt, fällt uns das jetzt erst ein. Da kann man mal sehen, wie das ist, wenn immer nur die Erwachsenen alles bestimmen wollen. Wir werden das mal ansprechen.

Unsere Schule heißt: Evangelische Schule Berlin Zentrum, kurz ESBZ. Wir Schüler benutzen nur noch die Abkürzung, weil der Name so lang ist. Okay, sich nach Buchstaben zu nennen, ist jetzt nicht so prickelnd. Aber ist jetzt auch nicht so wichtig. Träger unserer Schule ist die Schulstiftung der Evangelischen Kirche Berlin-Brandenburg-schlesische Oberlausitz. Dieser Name ist jetzt noch länger. Es können alle Schüler kommen. Niemand, der bei uns lernen will, muss evangelisch sein. Als Gemeinschaftsschule haben wir natürlich auch eine Grundschule. Die ist leider an einem anderen Ort, aber wer da drin ist, hat automatisch einen Platz in der siebten Klasse sicher. Die Grundschule geht in Berlin bis zur sechsten Klasse, und das ist auch gut so. In Dänemark sind die Schüler von der ersten bis zur zwölften Klasse zusammen, das ist noch besser. Bei uns lernen Schüler, die eine Gymnasialempfehlung haben. Und solche, von denen ihre Lehrer meinten, sie seien an einer Hauptschule besser aufgehoben. Es ist eine knifflige Sache mit den Empfehlungen. Denn beim Übergang von der Grundschule auf ein Gymnasium zählt nur das Zeugnis vom zweiten Halbjahr der fünften Klasse und vom ersten Halbjahr der sechsten Klasse. Aber am wichtigsten ist an diesem Zeugnis, dass der Lehrer ein Kreuz an der richtigen Stelle gesetzt hat. Also am besten das Gymnasium empfiehlt, das wollen die meisten.

Bei uns gibt es von der siebten bis zur neunten Klasse keine Unterteilung in Jahrgänge. Wir haben neun verschiedene Klassen mit 26 Schülern. Aber eben nicht unterteilt in Siebt- oder Acht- oder Neuntklässler. Das heißt: Im Alter von 12 bis 15 lernen wir alle zusammen. Manchmal kommt es auch vor, dass 11-Jährige mit 16-Jährigen lernen. Ab der zehnten Klasse arbeiten wir nicht mehr jahrgangsübergreifend.

Jetzt kommt bestimmt die Frage, wie das gehen soll. Oder?

»Bei uns geht es um die Schüler«

Wahrscheinlich würden alle sagen, dass sie wollen, dass Schüler sich wohlfühlen. Aber zu hinterfragen, ob das auch der Fall ist, dazu kommen die meisten nicht vor lauter Stoff und Prüfungen. Es ist aber superwichtig, dass die Schüler sich wohlfühlen. Mit wohlfühlen meinen wir, dass wir das Gefühl haben wollen, geborgen und willkommen zu sein. Und willkommen zu bleiben. Wir wollen nicht kuscheln. Und keine Streicheleinheiten. Und es ist auch nicht so, dass geklagt wird, wenn die Ferien beginnen. Aber gut ist, wenn man die Schule nicht öde findet, keine Angst hat und gerne dorthin geht. Ist doch schon mal was.

»Meine Traumschule sollte Rücksicht auf die Schüler nehmen.« *Schüler, 14*

Könnt ihr gut arbeiten, wenn es euch nicht gut geht? Klar muss die Arbeit getan werden, und sie kann nicht immer Spaß machen. Was man machen muss, muss man tun. Es gibt Pflichten, die sind wichtig. Aber wir glauben, man lernt nichts, wenn man Sachen in sich hineinpresst. Man lernt dann höchstens, dass man genau das nicht will. Und innerlich sträubt sich alles in einem, und man beginnt, dagegen anzukämpfen. Das heißt, die ganze Energie geht dahin, sich zu wehren. Viele Kinder legen sich mit einem Lehrer an, und manche denken sogar daran, wie sie es schaffen, einen Lehrer fertigzumachen. Aber deswegen geht man doch nicht in die Schule. Bei uns ist das anders.

Unsere Schule passt sich uns an, nicht umgekehrt. Man entwickelt sich so krass. Die stärkste Entwicklung in unserem Leben, bisher, war das erste Jahr hier. Du musst deine Meinung sagen, du kannst dich nicht verstecken und still sein. Das klappt vielleicht an anderen Schulen, hier nicht. Hier ist gefragt, was du denkst. Und du lernst so langsam, dein Leben selbst zu organisieren. Weil du checkst, es geht hier um dich. Und du bist verantwortlich, nicht die anderen.

Das heißt auch: Du musst herausfinden, in welchem Tempo du lernst. Was du schneller, was du langsamer begreifst. Wenn dir die Entscheidung überlassen wird, wann du was verstanden haben sollst, geht es dir besser. Dann hast du nicht einen solchen Stress. Gerätst nicht in Panik, weil du Angst hast, den Anschluss zu verlieren.

>Ich fühle mich sehr wohl an unserer Schule. Sie überzeugt und begeistert mich total. Wir lernen Verantwortung und meistern Herausforderungen. Und zeigen so, dass man heute auch anders unterrichten kann. Dass Schule anders möglich ist.«
Rosa, 14

Viele unserer Freunde können sich nicht vorstellen, so zu arbeiten, sie denken, dass unsere Methode nicht funktionieren kann. Klar, wenn man nichts anderes als das normale System gewohnt ist. Erwachsene fragen manchmal direkt: »Lernt ihr denn auch wirklich was? Wir können uns das gar nicht vorstellen.« Für uns ist, was wir machen, normal. Aber viele andere haben wahrscheinlich Angst, mal etwas Neues auszuprobieren. Für sie ist eben das alte Schulsystem ganz normal. Nicht so richtig gut, und aufregen kann man sich auch manchmal, aber irgendwie muss man damit klarkommen. Ist halt so, denken sich die meisten. Und jeder war ja auch mal in der Schule und vergleicht den Unterricht von heute mit dem von früher. Und im Großen und Ganzen hat sich ja auch schon ein bisschen was getan, denkt er dann.

Andere sind ganz begeistert von der Art, wie wir lernen, können es aber leider an ihrer Schule nicht einfach so umsetzen. Dafür braucht man schon viele Leute, die an einem Strang ziehen.

»Was ist ein Lernbüro?«

Wir haben den Frontalunterricht fast ganz abgeschafft. Bei uns steht kein Lehrer an der Tafel und sagt, was wir zu tun haben. Um dann nach 45 Minuten in einen anderen Raum zu hetzen, den nächsten Schülern Lernstoff reinzuhauen und am Ende der Woche darüber eine Arbeit schreiben zu lassen. Die meisten Schulen sind ja so organisiert. Es gibt acht, neun, zehn Fächer, manche hast du einmal in der Woche, manche dreimal oder öfter. Du kommst morgens in den Klassenraum, wartest auf den Lehrer, und wenn er reinkommt, sagen alle im Chor: »Guten Morgen, Herr Lehrer.« Und manchmal müssen die Schüler dabei aufstehen. Danach fragt der Lehrer nach den Hausaufgaben und prüft, wer sie gemacht hat und wer nicht. Dann sind schon viele Minuten vorbei, und der Lehrer sagt, welche Seite man im Buch aufschlagen soll. Oder er schreibt was an die Tafel, erklärt, wie man was ausrechnet, englische Grammatik oder in welchem Jahr Napoleon vor Moskau gescheitert ist oder zehn Zentimeter wuchs. Manchmal gibt es Gruppenarbeit, oft Arbeitsblätter. Zum Ausfüllen. Dann werden noch Hausaufgaben angesagt, und die Stunde ist vorbei.

Bei uns ist das anders. Wir Schülerinnen und Schüler bringen uns die Themen selbst bei. Das passiert in den sogenannten Lernbüros. Die gibt es schon länger an zwei Schulen in Hamburg, an der Stadtteilschule Winterhude und der Max-Brauer-Schule, die den Deutschen Schulpreis bekommen hat. Lernbüros sind jetzt keine Büros, sondern Klassenräume. Eigentlich ganz normal. An der Wand eine Tafel, im Raum bunte Stühle und viele Regale. In dem Regal sind Schulbücher, Materialkoffer, Kassettenrekorder, Schere, Tacker, Klebstoff. Und das, was wir Bausteine nennen.

»Für uns ist Schule wie ein Haus, und wir bauen es gemeinsam auf.« *Schülerin, 14*

Dafür brauchen wir Bausteine. Erst unten, also das Fundament, und dann Stein für Stein und Stock für Stock. Das ist eine Vorstellung, mit der wir echt was anfangen können: dass wir uns was aufbauen. Ein Haus, in dem wir uns wohlfühlen. Und genau wissen, wo was ist. Und wo wir hinmüssen. Wir kennen dort jede Ecke.

Wir kommen also morgens in die Schule und gehen auf die Baustelle. Und ehrlich, es ist wirklich so: Das ist ein ganz anderes Gefühl, als irgendwo hinzukommen, was schon fertig erscheint. Wo jemand dir genau sagt, was zu tun ist, ob du nun willst oder nicht. Und alles ist vorgefertigt, und du musst nur beweisen, ob du verdient hast, dieses Haus überhaupt betreten zu dürfen. Wir sehen erst einmal Bausteine. Die stehen im Regal und sind etwa so groß wie ein Karteikasten. Wir nennen sie Bausteine, es sind natürlich keine. Sondern Kästen aus Holz mit Karten drin. Auf diesen stehen Arbeitsaufträge, was zu tun ist.

Es gibt vier verschiedene Lernbüros: für Mathe, Deutsch, Englisch, Natur und Gesellschaft. Letzteres umfasst die früheren Fächer Geografie, Geschichte und Politik. Am Anfang des Jahres wird dir gesagt, was du am Ende des Jahres gelernt haben solltest. In Mathe, siebte Klasse, also zum Beispiel: die Welt der rationalen Zahlen, Zuordnungen. Arbeiten mit dem Dreieck, Prozent- und Zinsrechnung. Welches Thema, so ungefähr, wann dran ist. So hast du einen Überblick über dein Jahr. Und kannst selbst planen, wann du was machen möchtest.

Wenn wir also Wahrscheinlichkeitsrechnung verstehen

sollen, finden wir alles Wichtige dazu in diesen Karteikästen. Übungen, Anregungen, Merksätze, Arbeitsaufträge, damit wir noch besser verstehen. Zum Beispiel steht da: »Schreibe eine Kurzgeschichte über das, was du am Wochenende erlebt hast.« Oder: »Rechne das Durchschnittsalter in deiner Klasse aus.« Oder: »Zeichne den Querschnitt eines Schichtvulkans.« Oder: »Du bist Reiseleiter einer Gruppe. Zeige ihr alle Vegetationszonen der Erde.«

Die Themen bauen aufeinander auf. In Mathe bedeutet das: Du solltest erst die Zuordnungen kennen und kapiert haben, bevor du mit Prozentrechnung beginnst. Oder in Deutsch: wissen, wie man eine Kurzgeschichte aufbaut, bevor du anfängst, Kurzgeschichten selbst zu schreiben.

Im Lernbüro sind wir anderthalb Stunden, von der Zeit also vergleichbar mit einer Doppelstunde in anderen Schulen. In jedem Lernbüro ist ein Fachlehrer, den wir fragen können. Allerdings gibt es bei uns eine Regel: Frage erst einen deiner Mitschüler. Das ist eine gute Regel, weil wir einander erklären müssen. Und beim Erklären wird dir klar, ob du eine Sache wirklich verstanden hast. Voll praktisch.

Du brauchst nicht immer nur Ältere zu fragen, auch die Jüngeren wissen manchmal ganz gut Bescheid. Paul zum Beispiel macht dir in Mathe die schwierigsten Dinge in kürzester Zeit klar. Genial, weil wir uns gegenseitig helfen. Weil da Siebener und Neuner zusammensitzen. Keiner sagt: Ey, mit dir Kleinem rede ich nicht. Keiner muss

Angst haben, einen Älteren was zu fragen. Früher, da waren wir schüchtern: Hier verlernst du das. Oder besser: Du lernst, mit allen Leuten klarzukommen.

Bei uns fängt die Schule um 8.30 Uhr an. Allerdings muss man schon 8.15 Uhr da sein, um sich ein Lernbüro auszusuchen und seine ganzen Arbeitsmaterialien bereitzuhaben, die wir meistens in den Schränken auf dem Flur verstauen. Das Schöne ist: Wir können morgens entscheiden, welches Fach wir wählen wollen. Wenn du also an einem Tag nicht in Mathe-Stimmung bist und lieber Deutsch machen willst, gehst du eben dorthin.

Jetzt könnte man fragen, wenn alle, sagen wir, in Natur und Gesellschaft gehen, ist der Raum doch voll. Theoretisch möglich, passiert aber kaum. Es verteilt sich ganz gut bei uns. Und wenn wirklich mal mehr als 25 Schülerinnen und Schüler in einem Raum sind, suchen sich die, die zuletzt gekommen sind, eben ein anderes Lernbüro. Auf jedem Flur sind vier Lernbüros. Das hat den Vorteil, dass wir nicht die Stockwerke wechseln müssen. Drei der Lernbüros sind auch gleichzeitig Klassenräume.

Nach dem Lernbüro, das ist gegen zehn Uhr, haben wir eine halbe Stunde Pause. Danach treffen wir uns in unseren Klassenräumen und haben Fächer wie Soziales Lernen, Religion, Sport, Naturwissenschaften oder Lesestunde oder Klassenrat. Französisch oder Spanisch haben wir als Wahlpflichtfach. Für das Mittagessen bleibt eine halbe Stunde, und dazu noch eine halbe Stunde Hofpause. Ab

15.45 Uhr haben wir richtig frei, Hausaufgaben der üblichen Art gibt es kaum.

»Wir schreiben einen Test, wenn wir dafür bereit sind«

Wir hoffen, ihr habt ein bisschen verstanden, wie es bei uns läuft. Wenn nicht, schaut doch mal vorbei. Es ist manchmal nämlich schwierig, genau zu erklären, wie wir was machen. Denn wir haben einen Plan, aber haken nicht ab. Bei uns ist viel Spielraum, und es gibt jetzt nicht den einen Weg, den wir beschreiben können.

Englisch zum Beispiel kann man nicht begreifen, wenn man nur Vokabeln lernt. Die sind natürlich wichtig, aber allein damit sprichst du noch kein Englisch. Also haben wir einen »Conversation Club« gegründet. Eltern oder Studenten, die gut Englisch sprechen, laden wir ein, mit uns zu üben. Oder einfach nur auf Englisch zu reden. Darüber, was uns gerade interessiert. »Club« ist jetzt etwas hoch gegriffen: Vor dem Englisch-Lernbüro steht ein Tisch mit einer Decke drauf, und wir setzen uns dann dahin und reden los. Oder spielen Spiele. Erklären Wörter, ohne dass bestimmte Begriffe fallen dürfen. Jeder kann da mitmachen, das hat auch nichts mit den Aufgaben aus den Bausteinen zu tun.

Apropos Bausteine. Wenn du jetzt alle Karten bearbeitet und das Gefühl hast, fertig zu sein und verstanden zu

80

haben, gehst du zu deinem Fachlehrer. Das ist der, der im Lernbüro sitzt. Und du gibst ihm deine Notizen und deine Lösungen und all das, was dir eingefallen ist und was du in ein Heft geschrieben hast. Dein Lehrer nimmt es mit nach Hause und korrigiert, falls Fehler sind. Nach zwei, drei Tagen, meistens, bekommst du dein Heft zurück und besprichst, was anliegt. Dann empfiehlt der Lehrer, vielleicht noch ein paar weitere Übungsaufgaben zu machen, oder er bietet dir an, dir ein paar Sachen zu erklären. Oder er sagt, du kannst schon den Test schreiben.

Das ist das Besondere: Wir schreiben einen Test dann, wenn wir uns dafür bereit fühlen. Denn wir wollen uns sicher fühlen, so ein Baustein muss doch sitzen. Der muss passen und darf nicht verrutschen. Also machen Lehrer und Schüler einen Termin aus, und du kannst selbst entscheiden, wann. Gleich morgen, weil du dich fit fühlst. Oder lieber nächste Woche.

Stellt euch das mal vor! Es tut so gut, und du fühlst dich so sicher, diese Art von Kontrolle selbst in der Hand zu haben. Denn es geht doch darum, was man sich zutraut. Um Vertrauen. Selbstvertrauen auch. Und – ganz wichtig – du kannst dich auf deinen Lehrer verlassen.

Der Lehrer gibt dir also diesen Test, und du hast 90 Minuten Zeit. Das ist in Ordnung, das ist zu schaffen. Und jetzt kommt das Gute: Du schreibst den Test allein. Im Lernbüro, während die anderen ihre Bausteine bearbeiten. Das Verrückte ist: Wir kennen kaum einen, der versucht, andere in dem Test zu fragen. Oder mit Spickzetteln zu arbeiten. Das hat uns am Anfang auch erstaunt. Aber irgendwie ist Abschreiben wie ein Vertrauensbruch, dir selbst und auch den Lehrern gegenüber. Außerdem: Wenn man sich eben so lange mit einem Thema auseinandergesetzt hat, bis man es verstanden hat, dann behält man das Gelernte auch. Und es liegt auch daran, dass wir bis zur achten Klasse keine Noten bekommen. Der Kampf und die Konkurrenz um die besten Noten entfallen. Du lernst für dich und nicht für die Note. Wenn der Test dennoch danebengegangen ist, dann kannst du noch mal üben und den Test oder Teile davon wiederholen. Das ist ein sehr gutes Gefühl. In Englisch übrigens halten wir zusätzlich noch einen Vortrag, einen Talk. Wenn das Thema also New York ist, reden wir auf Englisch darüber, was da so abgeht.

Wenn dir Aufgaben zu einfach erscheinen oder der Lehrer denkt, du könntest kompliziertere Dinge lösen, kannst du das machen. Denn im Lernbüro hast du auch die Möglichkeit, mit deinem Lehrer darüber zu reden, ob dir das Lernen jetzt gerade leichter oder schwerer fällt. Jedem Baustein liegt nämlich ein Blatt bei, auf dem zusammengefasst ist, was insgesamt zu tun ist. Wie ein Weg, wir nennen ihn Lernpfad. Und wie man sich einen Weg einfacher oder schwerer gestalten kann, können wir uns auch aussuchen, ob wir nicht leichte Aufgaben überspringen und dafür gleich schwerere bekommen können. Weil jeder sein eigenes Tempo hat.

»Wer hat eigentlich die Noten erfunden?«

Neulich hat uns ein Freund sein Zeugnis gezeigt. Gymnasium, tolle Schule, nette Lehrer, sagen viele. Und da dachten wir, interessant, schauen wir uns mal an, was die so schreiben. Da stand aber nicht viel. Nur ein paar Zahlen, und dann ganz unten der Zusatz: versetzt. Also weiter, nächste Klasse. Über ihn selbst: nichts. Wie er so wirkt. Über seinen Charakter. Was er so macht. Seine Persönlichkeit: null, nada, niente. Da geht jemand ein ganzes Jahr lang jeden Tag in die Schule und denkt, es geht vielleicht um ihn. Und dann stehen da Zahlen von eins bis sechs.

Wir finden es schlimm, dass es für alles, was man in der Schule tut, Noten gibt. Jede Regung, jede Bewegung wird mit einer Zahl versehen. Wir kennen einen Schüler, der ist 1 500 Meter gelaufen und war froh, am Ziel zu sein. Er hatte sich echt angestrengt und war überglücklich, er war jetzt im Sport nicht so der Bringer. Und dann hat ihm der Lehrer, anstatt ihn zu loben, ein »Ausreichend« gegeben. Also hat er für seine Spitzenleistung eine »Vier« bekommen, wie absurd. Die Note hat absolut nicht beschrieben, was er da hingekriegt hat. Dieses Benoten führt doch nur dazu, dass sich viele schlecht und diskriminiert fühlen. Und plötzlich zu den »Schlechten« der Klasse zählen. Obwohl sie vielleicht gute Menschen sind. Und dann arbeiten die Schüler wieder gegeneinander, weil sie zu Konkurrenten gemacht werden.

Eine Note sagt nichts über deine Persönlichkeit aus. Sie macht aus uns Maschinen, die wir nicht sein wollen. Und die Noten machen, dass wir Schüler voneinander getrennt werden. Es ist doch nicht so, dass die Dreier einer anderen Art angehören als die Einser. Kann man nicht zusammen viel besser lernen? Lernt man nicht aus Fehlern oder voneinander? Wenn man jetzt zum Beispiel alle Kinder, die »sehr gut« sind, auf eine Schule schickt, und alle »nicht so guten« auf eine andere: Wie soll man da noch voneinander lernen? Und lernen, miteinander umzugehen? Darum geht es doch auch später. Das müssen wir in der Schule lernen.

Wäre es nicht besser, wenn man alle Schüler in einer Schule mischt? Wir finden falsch, dass wir schon nach der vierten oder sechsten Klasse in verschiedene Schultypen eingeteilt werden. Wir glauben langsam, dass Noten wirklich nur den Lehrern helfen, weil sie so nicht jedes Kind endlos lang bewerten müssen. Sondern ihm einfach nur eine Zahl geben. Wie sollen sie das auch, wenn sie so viele Schüler am Tag unterrichten?

Wir kennen das so nicht. Unser Zeugnis ist vier Seiten lang, richtig was zum Lesen. Da kann man lernen, wie andere einen sehen. Was du geleistet hast. Oder vielleicht schon wieder vergessen hast, ist ja nicht alles spannend. Aber auf jeden Fall hast du ein gutes Gefühl: Du bist nicht nur so eine Nummer. Jemand interessiert sich für dich. Das ist toll. Wir haben hier mal einen Auszug aus so einem Lernbericht. Er ist für eine Schülerin in der achten Klasse geschrieben worden.

»Liebe Lamira, Du bist eine hilfsbereite und freundliche Schülerin. In der Klassengemeinschaft bringst Du Dich mit Deinen konstruktiven Ideen gerne und häufig ein. So gelingt es Dir zum Beispiel gut, den Klassenrat strukturiert zu leiten. Du übernimmst zuverlässig viele Aufgaben und zeigst Verantwortung für Dich und andere. Achte aber bitte darauf, dem Unterrichtsgeschehen stets konzentriert zu folgen und Dich nicht so leicht ablenken zu lassen.

Du bist ein sehr sensibler, offener und immer engagierter Mensch, der sehenden Auges durch die Welt geht und eine ausgeprägte Antenne für die Bedürfnisse und Gefühle seiner Mitmenschen hat. Du bist eine bei allen respektierte Persönlichkeit und erfüllst mit Deinem sozialen und engagierten Verhalten eine wichtige Vorbildfunktion in der Klasse. Die Klasse hat Dir ihr Vertrauen gezeigt, indem sie Dich zur Klassensprecherin gewählt hat. Dieses Amt hast Du verantwortungsbewusst geführt.

In Englisch ist Deine Mitarbeit meistens motiviert und konzentriert. Die Testergebnisse zeigen jedoch, dass Du noch sorgfältiger die jeweilige Grammatik (Passiv, Present Perfect, Conditional II) bearbeiten und üben musst. Auch das freie Schreiben bereitet Dir noch

Schwierigkeiten. Hier solltest Du besonders auf die englische Rechtschreibung achten. Für Deine Talks hast Du schöne Themen gewählt und sorgfältig vorbereitet und gut vorgetragen. Hier hast Du gezeigt, dass Du über ein gutes Vokabular verfügst. Ich möchte Dir jedoch empfehlen, Dich mutiger an den ›Warming Up‹-Phasen zu Beginn des Unterrichts zu beteiligen. Auch eine regelmäßige Beteiligung am ›Conversation Club‹ könnte Dir helfen, Deine Aussprache zu verbessern. Weiterhin solltest Du noch mehr Wert auf eine saubere und vollständige Heftführung legen. Dein Heft stellt Dein persönliches Nachschlagewerk dar, in welchem Du auch später immer wieder Regeln und Merksätze sowie Begriffe nachlesen können solltest.

In Mathematik schaffst Du Dir ein förderliches Lernumfeld, indem Du weiter mit Bärbel zusammenarbeitest. Behalte das bei. (…)

Ich wünsche Dir Mut und Gelassenheit für das nächste Schuljahr. Vertraue auf das, was in Dir steckt. Ich wünsche Dir nun erst mal sonnige und vor allem erholsame Ferien. Deine Tutorin«

Bei den Tests geben die Lehrer an, wie viel Prozent der zu erreichenden Punkte man geschafft hat. Wenn wir jetzt so darüber nachdenken, könnte man darauf eigentlich auch verzichten; am Ende geht es doch darum, ob man begriffen hat. Man könnte also auch drunterschreiben: »Verstanden!« Oder: »Gut gelöst!« Und wenn nicht: »Überleg noch einmal! Denk nach!«

Wenn wir einen Test erfolgreich bestanden haben und wieder einen Baustein mehr aufschichten konnten, bekommen wir ein Zertifikat. Ein doppelseitiges Blatt Papier, auf dem steht, was wir jetzt können. Dass wir zum Beispiel jetzt das Universum der rationalen Zahlen verstehen. Oder die Geschichte des deutschen Kaiserreichs. Eine Bewerbung schreiben und was sagen können über die großen Entdecker. Oder darüber, wie wir uns selbst in der Welt sehen, sehr spannend. Diese Zertifikate sind so ähnlich wie Urkunden, aber wir hängen sie uns nicht an die Wand. Wir haben einen Zertifikatsordner, und den bringen wir dann mit, wenn wir uns zweimal im Jahr mit unseren Eltern und unseren Lehrern zusammensetzen zu einem Gespräch. Zu einem Bilanz- und Zielgespräch, wie das bei uns heißt.

Richtig gut an den Zertifikaten ist, dass die Lehrer auch aufschreiben, wie wir uns einem Thema genähert haben. Welche Unterstützung wir uns geholt haben. Wie wir vielleicht auf eine Lösung gekommen sind. Und ob wir die Mitschüler beim Lernen respektiert oder eher belästigt haben. Ab der neunten Klasse steht auf dem Zertifikat noch zusätzlich eine Note. Sie setzt sich so zusammen: zu 40 Prozent aus dem Testergebnis und der Rest aus deinem Verhalten, dir und anderen gegenüber, ob du konzentriert gearbeitet hast, wie du mit Schwächephasen umgegangen bist und wie du dir deine Zeit und Energie einteilst.

Für uns ist so ein Zertifikat eine echte Auszeichnung. Da steht zum Beispiel:

»Du hast Dich im Fach Mathe erfolgreich mit dem Thema Wahrscheinlichkeitsrechnung auseinandergesetzt. Du hast die Erhebung und die grafische Darstellung von Daten wiederholt, indem Du Diagramme erstellt und den Median und das arithmetische Mittel berechnet hast. Du weißt, was die absolute und die relative Häufigkeit ist, und kennst das Gesetz der großen Zahl. Du hast viele eigenständige Versuche durchgeführt und Dich mit der Laplace-Wahrscheinlichkeit beschäftigt. Du hast Methoden wie zum Beispiel die Pfad-Regel bei Baumdiagrammen kennengelernt, die Dich zur Lösung einer Aufgabe führen. Du hast Deine Qualifikation bewiesen, indem Du den Test mit 89 Prozent bestanden hast. Darüber hinaus hast Du stets Dein Arbeitsmaterial dabei und bringst gut Deine eigenen Ideen ein. Weiter so!«

»Und dann sind unsere Gefühle dran und wie wir miteinander klarkommen«

Nach dem Lernbüro sind die Wahlfächer dran. Wir können uns entscheiden zwischen darstellendem Spiel oder verschiedenen Sprachen, zwischen Informatik oder Sport.

Wir können in einer Werkstatt Skulpturen entwerfen oder Stricken lernen oder Football. Man kann auf Englisch Filme schauen oder Papier selber schöpfen oder Gitarre lernen. Das ist ein Angebot für alle von der siebten bis zur neunten Klasse. Wir haben über 50 Möglichkeiten dieser Art zur Auswahl. Eine Holzwerkstatt gibt es auch noch.

Dann ist Klassenstunde. Da kommt nur die Klasse zusammen. Von viertel nach zwölf bis viertel vor zwei. Es geht da vor allem um unsere Gemeinschaft. Wir essen gemeinsam zu Mittag. Oder verbringen Zeit in der Bibliothek. In der Klassenstunde haben wir auch Religion. Im Fach Soziales Lernen geht es um Freundschaft, Beziehungen, Leidenschaften und darüber, wie wir uns kennenlernen können.

In der Klassenstunde besprechen wir, was bei uns gerade ansteht, was wir gut finden und was schlecht. Wir feiern Geburtstage, da hat jede Klasse ihre eigenen Rituale. Bei uns schreibt jeder dem Geburtstagskind einen Wunsch auf, wir packen diese Zettelchen in eine schöne Tüte, und die Lehrerin organisiert noch Süßigkeiten. Das ist dann fast eine Schultüte, so wie am ersten Tag. Aber nur fast, die Schultüte am ersten Tag ist voller.

In die Klassenstunde fällt auch der Klassenrat. Dann setzen wir uns in einen Kreis, dass jeder den anderen anschauen kann. Der Lehrer spielt da überhaupt keine Rolle, er sitzt nur da und hört zu. Er darf nicht einfach eingreifen, er muss sich wie die anderen melden. So ein Klassenrat kann schon mal ganz schön anstrengend sein; damit das nicht so wird, legen wir vorher Ämter fest. Wir fragen, wer Moderator sein will, und wer sich dann zuerst meldet, wird es meist. Und wenn nicht bei dem einen, dann beim anderen Mal. Wenn sich einer vorgenommen hat, mutiger zu werden und so eine Moderation zu üben, versuchen wir alle, darauf zu achten, dass es auch funktioniert. Wir sind ja da, um uns gegenseitig zu unterstützen. Und Moderator zu sein, ist ganz schön schwer, deshalb bekommt der auch noch einen Assistenten. Der hat nur darauf zu achten, dass auch jeder drankommt. Der Moderator muss gucken, dass er gerecht ist und die Diskussion gut läuft. Und jeder beim Thema bleibt. Außerdem ist er am Ende auch für die Abstimmung zuständig.

Jeder kann in den Klassenrat einbringen, was er möchte. Da gibt es keine Vorschriften. Wenn einen von uns ein Thema beschäftigt oder am Herzen liegt, wird das eben zum Thema für alle gemacht. Wenn einem anderen das so gar nicht passt, kann er das aber auch sofort sagen, er muss es nur begründen können. Und dann kann die Klasse gemeinsam entscheiden, ob sie das Thema aufnehmen will. Manchmal kommen da auch sehr private und ernste Dinge zur Sprache, ohne dass sich jemand darüber lustig macht. Wir sind sehr stolz darauf, dass wir so gut miteinander reden können.

Aber es können auch mal Tränen fließen, es ist nicht immer harmonisch, manchmal geigen wir uns ganz schön die Meinung. Der Klassenrat ist extra dafür da, um sich zu streiten und sich auseinanderzusetzen und mal unter sich zu sein. In der Schule passiert so viel – und weil es eben einen festen Platz gibt für Diskussionen, geraten manche Probleme nicht in Vergessenheit. Und jeder von uns lernt, damit umzugehen. Und sich nicht zu schämen, Dinge offen zu sagen. Wir merken selbst, wie gut uns das tut, wenn wir mit Freunden reden oder zu Hause einen Konflikt austragen.

Aber wir haben einen Regelwächter, der passt auf, dass es nicht zu laut wird. Und einen Protokollanten und einen Zeitwächter, der hat die Uhr im Blick. Von 25 Leuten haben also fünf schon mal richtig zu tun. Aber es ist keiner, das ist unsere Erfahrung, der sich vor diesen Jobs drückt. Wir jedenfalls haben dabei schon gute Erfahrungen gesammelt. Dass man geduldig ist, Dinge zusammenfasst, Sachen schnell und kompakt aufschreibt. Und versucht, den anderen besser zu verstehen. Immer nur auf seiner Meinung zu beharren, bringt nichts. Wenn man nur lange genug übt, ist es gar nicht so schwer, seinen Stolz zu überwinden.

Am besten funktioniert der Klassenrat, wenn wir über beleidigen sprechen. Also Mobbing. Das klären wir dann unter uns und müssen nicht zum Lehrer rennen. Ganz bewegend war mal, als einer von uns erzählte, dass er eine schlimme Krankheit hatte. Das wussten wir vorher nicht, und das fiel auch nicht auf. Das war so ein Moment, da haben wir richtig gespürt, wie die Klasse enger zusammenrückt. Schon allein, dass man hört, was die anderen für Probleme haben. Und seine Sorgen dann damit vergleicht. Der Junge erzählte uns von seiner Krankheit, bevor er wieder für ein paar Wochen ins Krankenhaus musste. Wir haben ihm eine Karte geschickt. Danach war es richtig schön, ihn wiederzutreffen.

Achtung! Jetzt kommen die Erwachsenen zu Wort

Den Kindern etwas zutrauen
von Margret Rasfeld, Leiterin der Evangelischen Schule Berlin Zentrum

In 36 Jahren Schuldienst durfte ich unzählige wertvolle Erfahrungen machen und erleben, welch ungeheuren Schatz an Potenzialen Kinder in sich tragen. Ich habe miterlebt, was sie alles bewegen, wenn wir ihnen die Gelegenheit dazu geben, wenn wir ihnen etwas zutrauen, wenn wir an sie glauben. Diese Erfahrungen sind inzwischen zur Überzeugung geworden: Kinder wollen sich engagieren, sich einbringen, gestalten. Kinder haben Potenziale in sich, die weit über das hinausgehen, was wir Erwachsenen uns vorstellen können.

Die Pozentiale unserer Kinder sind der kreative Umgang mit ihrer Umwelt, die neugierige Suche nach

Antworten auf brennende Fragen, das besondere Engagement im Umgang mit den Problemen unserer Zeit. Kreativität aber lebt von Begeisterung, und Begeisterung entsteht in Frei-Räumen offenen Denkens. Sie entwickelt sich dann, wenn nicht alles vorbestimmt ist, wenn man seinen Träumen nachgehen darf. Kreativität braucht Raum zum Gelingen und auch zum Scheitern, ohne Beurteilung.

Die klassische Schule aber gewährt wenig Raum, um über sich hinauszuwachsen. Sie bietet Stoff in Häppchen an, schafft Standardisierung und Druck, hat Selektionsfunktion. Schüler und Lehrer laufen Gefahr, im System zu bloßen Leistungserfüllern zu werden. Herzensbildung, Querdenken, Unternehmungsgeist und Handeln im Leben passen da nicht hinein.

Schon in den 80er Jahren als Lehrerin an einem Gymnasium konnte ich das Engagement von Kindern erleben, als 85 Schülerinnen und Schüler an drei Tagen in der Woche Hausaufgabenhilfe für Migranten in einer Jugendeinrichtung organisierten. Oder als ein paar Sechstklässler erreichten, dass in ganzen Straßenzügen Bäume vom Asphaltkorsett befreit und Baumbeete angelegt wurden. Dies bedeutete für die Schülerinnen und Schüler über ein Jahr beharrliches Diskutieren mit Ämtern. Und dann machten sie die Erfahrung: Wir haben es geschafft! Schrebergartenbesitzer vom Bio-Gärtnern zu überzeugen und sie fortzubilden, war auch eine der vielen Herausforderungen, die schon Sechstklässler meisterten.

Was mich damals als Gymnasiallehrerin geprägt hat, ließ mich als Schulleiterin nicht mehr los. So wurde in der Gesamtschule Holsterhausen in Essen, die ich leitete, 1998 das Schulfach »Verantwortung« erfunden, maßgeblich mit und von den Kindern der fünften und sechsten Klasse. Die Eltern und Lehrer waren damals der Ansicht, dass die Schüler zu jung wären, um Verantwortung für andere zu übernehmen. Doch die Kinder setzten sich durch: Sie überzeugten die Erwachsenen davon, dass sie bereit dazu sind, dass sie etwas geben können, wollen, müssen und dass sie dabei etwas lernen. Durch ihr engagiertes Handeln und ihre Freude über das Zutrauen in sie berührten sie uns alle. Und sie strahlten, wenn Lehrer sie besuchten oder sie von ihren Erfahrungen berichten konnten, intern und auf externen Tagungen. Sie durften erleben, gebraucht zu werden, und entdeckten, was Menschen, bei aller Unterschiedlichkeit, verbindet: Herz-Berührung bei echter Begegnung und durch sinnhaftes Handeln.

Schule prägt Menschen in hohem Maß. Struktur schafft Kultur. Der heimliche Lehrplan, also der Geist, der in der Schule weht, ist oft wirksamer als konkrete Maßnahmen. In diesem Bewusstsein entwickelten wir 1996 mit der Gesamtschule Holsterhausen, einer fünfzügigen staatlichen Schule in einem sozialen Brennpunkt, ein visionäres Vorhaben mit vielen Formaten, die heute Kernelemente des Konzeptes der ESBZ sind: Inklusion, wertschätzende Beziehungskultur, die Schulversammlung mit dem Lob, die Mutkarte, das Projekt Verantwortung, Menschen mit Botschaften, Peer Education, Lernen im Leben an Herausforderungen, die Projektarbeit mit außerschulischen Partnern, Kinder als Referenten auf Tagungen. Was noch fehlte, war die Aufhebung der äußeren Differenzierung, die Selektion im System. So war ich froh, dass der Berliner Senat 2008 das Pilotprojekt Gemeinschaftsschule startete. Mutig war das, ein Pionierprojekt mit großen Zielen. Lösungen sollten entwickelt werden, wie in heterogenen Gruppen gearbeitet und gelernt werden kann. Die Evangelische Schule Berlin Zentrum durfte eine der 16 Pilotschulen sein. Wir konnten bei der Neugründung eine konzeptionelle Neuaufstellung wagen.

In unserer Schule wollen wir Kinder und Jugendliche ermutigen, das zu zeigen, was in ihnen steckt. Kinder spüren ganz genau, ob das ernst gemeint ist oder nur dahingesagt. Es ist eine Haltung, und aus dieser Haltung heraus kann jeder wachsen. Wenn diese Haltung lebendig verkörpert wird, gibt dir dieser gelebte Geist Zuversicht und inneren Halt.

Neben dem Wachsen an Aufgaben ist die Gemeinschaft, der Wunsch dazuzugehören, ein wichtiges Grundbedürfnis des Menschen. Das Zusammenleben lernen ist eine der großen Herausforderungen unserer Zeit.

Aus diesem Grund bauen wir Schule so, dass Gemeinschaft erlebt und Konkurrenz möglichst vermieden werden kann. Die Jugendlichen lernen bei uns, innerhalb sozial heterogener Gruppen zu interagieren, eine der Schlüsselkompetenzen der OECD. Kinder unterschiedlichen Alters lernen gemeinsam. Die Jugendlichen helfen einander und sie lernen auch, Hilfe anzunehmen. Wir versuchen, in Struktur und Kultur das übliche Gegeneinander, Bessersein und Niedermachen zu minimieren.

Deshalb ist es uns auch wichtig, dass die Lehrer mit ihren Schülern möglichst viel Zeit verbringen können. Jeder Schüler hat einen Tutor, der ihn durch unser System leitet und seinen Lernprozess begleitet. Unser Tutorsystem ist der Kern der wertschätzenden Schulkultur. Es schafft die wichtigste Bedingung für das Lernen: Zeit, die Kinder genau kennenzulernen und eine Beziehung zu ihnen aufzubauen. Daraus kann Anerkennung und Wertschätzung erwachsen, die wesentlichen Voraussetzungen für Motivation: Kinder wollen gesehen, anerkannt und wertgeschätzt werden.

Offenbar trifft diese Grundhaltung der ESBZ einen Nerv. Wir bekommen viele Anfragen, unser Schulkonzept vorzustellen, von Schulen, einzelnen Lehrern, Universitäten, Fortbildungsinstituten, Eltern, Unternehmen und anderen Interessierten. Für Vorträge, schulinterne Studientage, Workshops, Führungskräfteschulungen. Veranstaltungen mit 20 Teilnehmern und Veranstaltungen mit 2000 Teilnehmern. Allein in 2013 hörten uns über 20 000 Menschen zu. Immer sind die Schüler als Experten für das Lernen als Hauptakteure dabei. Ihre Begeisterung und Authentizität, ihre positive Haltung, ihr Erfahrungsschatz und ihre Herz-Energie berühren die Menschen, gehen unter die Haut. Die Erwachsenen spüren, was an Schule eigentlich wichtig ist. Oft werden verschüttete Visionen wiedererweckt. Die Jugendlichen machen den Erwachsenen MUT!

Ich freue mich, dass wir Schule neu denken und entwickeln können, dass wir jeden Tag voneinander und im und vom Prozess lernen dürfen. Visionen und Transformationsprozesse haben eine besondere Energie. Sie fordern Menschen, bringen sie an Grenzen und stärken sie zugleich. Ich danke von Herzen meinem Kollegenteam, den Schülerinnen und Schülern und den Eltern für den Mut, den sie jeden Tag aufbringen, ihre Zuversicht, ihren Teamgeist, ihr Vertrauen im sich Einlassen auf Menschen, ihre Aufgeschlossenheit für ergebnisoffene Prozesse, ihre Tat- und Durchhaltekraft und ihr unglaubliches Engagement. Und für ihre mutige Haltung, mit dem Herzen zu sehen und aus dem Herzen zu handeln. So können wir jeden Tag mitten in Berlin unsere Vision weiterentwickeln. Jede zählt, jeder ist einzigartig! Deine Fähigkeiten brauchen und auf sie vertrauen wir. Deine Möglichkeiten fördern wir. Du kannst dich offen zeigen. Du bist einzigartig – und alle anderen auch. Alma, Jamila und Lara-Luna sind der beste Beweis dafür.

Nur wer radikal neu denkt, wird auch neu gestalten. Wir wollen die Idee eines Paradigmenwechsels weitertragen, denn wir brauchen den Transformationsprozess unserer Schulen überall. Einzelne gute Beispiele reichen nicht für den Aufbruch zur Bildungswende. Vielleicht kennen wir die Schulen der Zukunft noch nicht. Doch eines steht fest: Ihre Saat muss heute gelegt werden.
Es gibt zahlreiche Initiativen und Bewegungen, die weiterdenken und neue Wege gehen: die Initiative »Blick über den Zaun«, die Aktivkreise der Schulpreisschulen, das »Archiv der Zukunft«, »buddy e.V.«, die Deutsche Gesellschaft für Demokratiepädagogik, das Bildungswerk für Schülervertretungsarbeit, engagierte Initiativen wie das Netzwerk für »Service Learning« oder »Jung bewegt«, »Rock your Life«,

»Teach First«. Ich habe zusammen mit Gerald Hüther und Stephan Breidenbach die Initiative »Schule im Aufbruch« gegründet. Sie vernetzt, unterstützt und bietet einen Fahrplan hin zur Lernkultur der Potenzialentfaltung. 2013 haben sich bereits 26 Regionalgruppen gegründet, die daran arbeiten, Schulen in verschiedenen Regionen des Landes zu entwickeln. In Brandenburg ist eine erste Kooperation mit einem Ministerium entstanden, dem Ministerium für Bildung, und dem Lehrerfortbildungsinstitut.

So gibt es viele hoffnungsvolle Anfänge und Bewegungen überall in Deutschland. Lassen wir uns davon inspirieren und ermutigen. Der Wandel liegt in der Hand mutiger Menschen an der Basis. Doch wir brauchen auch die Politik und einen Umbau unseres Schulsystems in einem gesellschaftsübergreifenden solidarischen Konsens. Wir brauchen endlich eine nationale Bildungsstrategie, die nicht auf Konkurrenz, sondern auf eine gemeinsame Vision setzt. Es ist Zeit für den Aufbruch unserer Schulen und unseres Schulsystems in die Welt des 21. Jahrhunderts!

»Wir sind der Kapitän und die Lehrer unsere Wegbegleiter«

Wir denken, dass man nur gut lernen kann, wenn man eine Beziehung zu seinem Lehrer aufbaut. Das ganze Leben ist doch Beziehung: Immer wenn du mit Leuten zusammen bist, musst du schauen, dass du mit ihnen klarkommst. Dass man sich austauschen kann, wie auf einer Wellenlänge. Wer das kann, ist König.

Wenn du zum Beispiel von einem anderen etwas haben möchtest, solltest du freundlich sein. Ihn anlachen und kein grimmiges Gesicht ziehen. Genau so, wie wenn du etwas verkaufen willst. Am besten ist, du kannst dich in die Situation deines Gegenübers hineinversetzen und spüren, wie er sich fühlt. Dann klärt sich so manches.

Wir sind eine echt lange Zeit unseres Leben mit Lehrern zusammen. Und glauben, wir sollten uns gemeinsam eine gute Zeit machen. Nicht gegeneinander, sondern miteinander arbeiten. Aber nicht, dass man ein Schleimer wird und sein Näschen nach dem Wind richtet, um so zu seinem Vorteil zu kommen. Man muss aber auch nicht super mit einem Lehrer befreundet sein, aber miteinander auskommen sollte man schon.

Nur: Wie soll das gehen, wenn vielleicht 25 oder noch mehr Kinder das gleichzeitig versuchen? Ist das nicht eigentlich unmöglich?

Nein, das geht. Wir haben zwei Klassenlehrer, die für die

Klasse verantwortlich sind. Und einer der beiden ist dein Tutor. Der Begriff Tutor kommt aus dem Lateinischen und bedeutet so viel wie jemanden schützen. Oder ihm Rat geben. Dieser Tutor ist dein Wegbegleiter, für drei Jahre. Mit ihm kannst du über alles reden. Über deine Eltern, deine Freunde, über andere Lehrer. Und mit denen suchen wir nach Lösungen, wenn Probleme da sind.

Okay, es gibt an anderen Schulen Vertrauenslehrer, die haben einmal in der Woche Sprechstunde, und dann kann man da mal hingehen. Aber es ist etwas anderes, wenn jemand an deiner Seite ist, der dich wirklich begleitet. Und zu dem du eine Beziehung aufbauen kannst. Wir haben zwar auch ein gutes Verhältnis zu unseren Eltern, die wissen schon viel. Aber die Tutoren wissen auch eine Menge über uns. Eine Freundin von uns meinte, sie wüssten in mancher Hinsicht sogar mehr als ihre Eltern.

»Ich finde gut, dass man einen Tutor hat, dem man vertrauen kann und mit dem man sprechen kann, wenn man Probleme hat. Der Tutor kennt die Schüler wirklich persönlich und weiß, wie er mit ihnen umgehen muss. Man hat einfach mehr Vertrauen zu einem Lehrer, den man besser kennt und der für einen fast wie ein Freund oder Helfer ist und kein normaler Lehrer.« *Anton, 12*

Wir haben jeden Freitag Anspruch auf ein Gespräch. Wenn wir wollen. Dann können wir uns mit dem Tutor in Ruhe unterhalten, und wir haben alle Zeit der Welt. Das ist so cool, wahrscheinlich gibt es nur wenige Kinder, die dieses Privileg haben. Uns hat mal eine Schülerin erzählt, ihre Lehrerin wusste am Ende des Schuljahrs nicht mal ihren Namen. Das ist doch peinlich, oder? An vielen Schulen gibt es keine fest eingeplanten Zeiten für Gespräche. Dort können die Schüler von Glück reden, wenn sie den Lehrer mal kurz auf dem Flur abfangen können. Oder so Gespräche, die gemacht werden müssen, wo die Eltern dabei sein sollen: die sind oft auf die Minute genau getaktet, als wäre man in einer Fabrik.

Bei uns haben die Tutoren auch deshalb Zeit, weil die Gespräche vor allem dann stattfinden, wenn sogenannte Studierzeit ist. Das sind zwei Stunden an jedem Freitag, da können wir in Ruhe Vokabeln lernen oder Vorträge vorbereiten oder eben mit dem Tutor sprechen. Wir reden mit ihm auch einfach mal darüber, was wir in der Woche so gemacht haben. Und beim Nachdenken darüber fallen uns viele Sachen ein. Es ist etwas anderes, nur so vor sich hin zu lernen, oder sich einmal die Woche zu überlegen, was man eigentlich gemacht hat. Oder geschafft hat. Denn oft macht der Tutor dich darauf aufmerksam, dass du schon viel geschafft hast. Und das macht dich dann stolz. Denn so gut es ist, andere wertzuschätzen: Man darf sich selber auch nicht vergessen!

Könnt ihr euch vorstellen, wie schön das ist, wenn dir jemand sagt, du machst etwas richtig gut? Und dich motiviert, so weiterzumachen?

»Für mich ist meine Tutorin wie eine Tante. Ich hätte mir nie vorstellen können, dass eine Lehrerin für mich zu so einer Vertrauensperson wird. Ich erzähle ihr alles: welche Jungen ich gut finde oder was in meinem Adventskalender war. Ohne sie würde mir etwas fehlen in meinem Leben.«
Linda, 14

Eine wichtige Hilfe ist auch das Logbuch. Das ist ein Heft, in dem wir festhalten, was wir in jeder Stunde gemacht haben. Und wie wir uns selbst einschätzen. Auf einer Skala von ganz gut bis viertel gut. Ein Logbuch muss jeder Kapitän führen, damit er sein Schiff im Griff hat. Und wir sind ja auch Kapitäne, über unser Leben. Eigentlich ein schöner Vergleich. Jede Woche setzen wir uns dann ein neues Ziel wie: »Ich schreibe am Donnerstag meinen Mathe-Test.« Oder: »Ich vergesse nicht mehr meine Sportsachen.« Oder: »Ich übe zehn Minuten am Tag Klarinette.«

Im Logbuch gibt es auch etwas, das wir »Stolz«-Ecke nennen. Da schreibt dann jeder hinein, worauf er stolz ist. Dass er sich getraut hat, Moderator zu sein im Klassenrat. Oder sich gut um seine Geschwister gekümmert hat. Einen guten Witz gerissen oder die Diskussion um die Erhöhung des Taschengelds für sich entschieden hat.

Es muss also nicht unbedingt etwas mit der Schule zu tun haben. Aber allein, dass ich mich kurz hinsetze und überlege, was ich erreichen wollte, bringt schon, dass ich mich daran erinnere. Solche Selbsteinschätzungen gibt es auch an anderen Schulen. Aber die finden meistens nur alle sechs Monate statt, und das ist zu wenig. Da vergisst man nach einer Woche schon, was man sich vorgenommen hat.

Im Logbuch allerdings tragen auch die Lehrer ein, wenn man mal Mist verzapft hat. Und wer das Logbuch zu Hause vergisst, muss schauen, wie er sich die Unterschriften der Lehrer holt, damit sie bestätigen, dass er im Unterricht war. Na ja, dann muss man halt ein bisschen kreativ werden und sich eine Lösung einfallen lassen, aber darin sind Kinder eh die besten.

»Jeder hier soll an wichtigen Entscheidungen beteiligt sein«

Jeden Freitag, am Ende der Woche, treffen wir uns um viertel nach eins in der Aula. Alle, Schüler, Lehrer und manchmal Gäste. Denn dann ist Vollversammlung. Die Aula ist brechend voll, eigentlich ganz gemütlich. Wir sitzen auf Stühlen, die Lehrer stehen meist am Rand. Vorn auf der Bühne steht ein Mikrofon, an der Seite ein Klavier. Manchmal spielt jemand drauf, zur Einstimmung. Oder ein anderer stellt sich mit seiner Gitarre hin und stimmt ein Lied an. Wir haben so Hits, die können fast alle. »Boulevard of Broken Dreams« von Green Day zum Beispiel. Oder »Wonderwall« von Oasis.

Es hört sich gut an, wenn alle in den Chor einstimmen. Aber in der Vollversammlung geht es nicht nur um Musik. Wir treffen uns, um zu besprechen, was in der Woche war. Bei uns, und auch in der Welt. Als in Bangladesch die große Textilfabrik abgebrannt war, zum Beispiel, haben wir darüber geredet. Oder wie viele Atomkraftwerke seit Fukushima schon geschlossen worden sind. Fragen, die uns beschäftigen.

Jede Woche bereitet eine andere Klasse diese Versammlung vor. Es gibt immer zwei Schülerinnen oder Schüler, die moderieren und das Mikrofon in der Hand haben. Sie leiten die Veranstaltung und bitten uns auf die Bühne, wenn wir was zu sagen haben. Es ist so etwas wie »Speak your mind«, das bedeutet, jeder kann kommen und sagen, was ihm gerade durch den Kopf geht. »Mir gefällt es ganz und gar nicht, dass die Toiletten wieder so schmutzig sind.« Oder: »Ich habe am Donnerstag meinen Füller in der Bibliothek liegen gelassen. Hat ihn jemand gefunden?« Oder: »Mein Portemonnaie ist mir geklaut worden, ich bin stinksauer. Wer es hat, kann es anonym im Sekretariat hinterlegen.« Es geht in der Vollversammlung also auch um ganz praktische Dinge und um Termine.

Was ausführlicher besprochen werden muss, wird an die Schülerkonferenz delegiert. Sie findet mindestens einmal im Monat statt und dauert im Durchschnitt eine Stunde. Man bekommt dort einen ganz guten Überblick darüber, was in den einzelnen Klassen los ist. Manchmal werden da auch gleich Lösungsvorschläge entwickelt, zum Beispiel, wie wir organisieren können, dass man in der Frühstückspause in der Mensa Brötchen kaufen kann und was zu trinken. Da haben wir in der Schülerkonferenz einen Plan gemacht. Wer zuständig ist für den Einkauf. Wer wann verkauft, wer auf- und abbaut, wer die Finanzen regelt. Wenn man so will, haben wir für diesen Verkauf am Morgen eine Art Schülerfirma gegründet. Wenn was nicht läuft, müssen wir es halt in die Hand nehmen.

Das hört sich jetzt vielleicht so an, als würden wir nur in Konferenzen sitzen, aber das stimmt nicht. Uns geht es einfach darum, dass alle beteiligt sind. Wer eine Meinung hat, soll sie sagen. Das ist manchmal total anstrengend, aber wer etwas verändern möchte, muss sich eben anstrengen.

»Am besten an meiner Schule gefällt mir, dass man so viel Freiheit hat, also so viel selbst entscheiden und mitbestimmen kann.« *Anton, 12*

Ganz wichtig ist uns auch Lob. Kritik ist in Ordnung, muss auch sein, wir brauchen das. Aber wir glauben, dass zu wenig gelobt wird. Deshalb ist ein wichtiger Punkt auf der Vollversammlung, dass man ein Lob ausspricht. Zum Beispiel wenn jemand, der in Deutsch gut ist, einem anderen geholfen hat, dem das etwas schwerer fällt. Oder jemand einem anderen von seinem Pausenbrot was abgegeben hat. Oder einer bedankt sich dafür, dass jemand zu seinem Geburtstag einen Kuchen mitgebracht hat. Oder in der Mensa den Tischdienst für ihn übernommen hat. Tischdienst bedeutet, das Essen zu holen, das Geschirr wegzuräumen, den Tisch abzuwischen und neu einzudecken.

Probiert das doch mal aus. Es tut richtig gut, jemanden zu loben. Es macht ein gutes Gefühl. Vor allem, wenn es stimmt. Und nicht einfach so dahergesagt wird. Anfangs kostet es Überwindung, auf die Bühne zu gehen und jemanden zu loben. Es könnte ja jemand denken, dass es nichts Besonderes ist und deshalb nicht erwähnenswert. Und ganz nebenbei lernen wir, Lob anzunehmen. Muss man ja auch können. Es ist ein schönes Gefühl, denn dann merkt man erst, dass gesehen wird, was man tut, und dass man etwas bewirkt hat. Dann klopft das Herz, oder du lächelst und bist echt motiviert, weiter zu helfen. Du merkst, das ist wichtig.

»Wertschätzung ist so wichtig. Und Lob. Es ist so ein schönes Gefühl, gelobt zu werden. Wenn jemand da ist und sagt, ey, Tibor, das hast du gut gemacht. Wir sollten uns alle gegenseitig mehr loben.« Tibor, 13

Und was auch richtig gut ist: Wenn du dir vielleicht nicht zutraust, auf die Bühne zu gehen, weil du Bammel hast, du könntest dich versprechen vor über 500 Leuten, dann aber siehst, wie selbst die Kleinen das meistern: Dann machst du das auch. Wenn nicht in der zweiten Woche, dann vielleicht in der sechsten. Du musst es einfach nur versuchen.

Von den Schülern lernen

von Brita Wauer, Mitbegründerin der Evangelischen Schule Berlin Zentrum

Als Schülerin habe ich den klassischen Unterricht erlebt. Vorne der Lehrer, wir Kinder in den Bänken, melden bitte, wer was weiß! Ich habe immer für Zensuren gelernt, für möglichst gute Noten. Nur dann, wenn es nötig war, wenn eine Arbeit anstand. Also: wenn ich musste. Nicht: wenn ich wollte. Das war damals so. Als ich auf der Universität war, staunte ich über die Begeisterung mancher Studenten. Mich beeindruckte, wie sie aus sich heraus lernten und wie viel Spaß sie hatten, sich Neues anzueignen. Da stellte ich mir zum ersten Mal die Frage, wie das geht, Wissen für sich zu erwerben.

Als mein erster Sohn auf die Welt kam, wurde ich zur Beobachterin. Ich verfolgte, wie er sich den Umgang mit Dingen aneignete. Zu Hause und im Kindergarten. Er spielte sehr gerne und konnte sich über eine lange Zeit gedankenverloren damit beschäftigen, die kleine Welt um ihn herum zu erkunden. Er besuchte einen Montessori-Kindergarten, wo mich die Erzieherinnen in ihrer Gelassenheit und Ruhe faszinierten. Wenn ich sie fragte, was die Kinder den ganzen Tag machen, was sie so spielen, sagten sie: »Ach, die lernen.«

Mein Sohn zum Beispiel, daran erinnere ich mich noch gut, versuchte den Umgang mit einen Hula-Hoop-Reifen, als er zu Gast bei seinen Großeltern war. Sie waren sehr begeistert und meinten, mit diesem Reifen sollte er bei uns zu Hause spielen, und gaben ihn mit. Bei uns rührte er ihn nicht mehr an. Erst wunderte ich mich, dann begriff ich: Die Auseinandersetzung damit, einen solchen Reifen um seinen Körper zu drehen, war beendet. Mein Sohn hatte so lange geübt, bis er begriffen hatte, wie es geht. Von da an war die Beschäftigung damit eher langweilig, er brauchte neue Herausforderungen.

Mit unserem zweiten Sohn war es ähnlich. Wir dachten, er würde auch so gerne malen wie sein älterer Bruder. Aber er brachte nicht mal einfachste Bilder zustande, immer zerstörte er das Gemalte. Wir dachten, er kann das nicht; obwohl in vielen Büchern über die Entwicklung von Kindern steht, wann sie was können. Oder können sollten. Umso erstaunter waren wir, als unser Sohn dann mit vier Jahren plötzlich komplette Gestalten zeichnete. Richtig große Bilder malte. Diese Bilder waren vielleicht schon lange in seinem Kopf, sollten aber noch nicht heraus. Und die Erzieherin meinte: »Macht euch mal keine Gedanken, jedes Kind lernt auf seine Art und Weise.«

Und ich verstand: Kinder lernen nicht nach Plan. Es gibt keine zwingende Reihenfolge, wann was dran ist. Sie lernen dann, wenn sie es für nötig halten. Dies zu begreifen und aus nächster Nähe zu erleben, war für uns eine wundervolle Erfahrung. Und wir fragten uns: Würden unsere Kinder ähnliche Erfahrungen auch in der Schule machen können?

Wir erkundigten uns. Schauten uns Grundschulen in der Umgebung an. Sprachen mit Schülern, Kindern von Freunden. Die eine erzählte, sie dürfe am Sportunterricht nicht teilnehmen, wenn sie ihr Haargummiband vergessen hatte. Der andere, dass Arbeiten nicht nach Noten, sondern mit Bildern bewertet werden. Eine Sonne für eine gute Leistung, Wolken über der Sonne für eine schlechte. Wir erkundigten uns weiter und fragten die Lehrer, wie der Unterricht aussieht. Als sie uns sagten, wir fragen und die Kinder antworten und heben die Finger, wussten wir: Das wollten wir unseren Kindern nicht zumuten. Nicht unseren Kindern, von denen wir gelernt hatten, wie Lernen funktioniert.

Und dann sah ich in einem Bioladen einen kleinen Zettel, auf dem andere Eltern Unterstützer suchten für die Gründung einer Schule im Kiez. Das klang interessant, ich ging hin. Wir trafen uns damals in der Sakristei der Sophienkirche in Berlin-Mitte, lauter nett aussehende Menschen, alle sehr entschlossen. Als wir Aufgaben verteilten, meinte ich, als Bauingenieurin könne ich mich um die Beschaffung von Räumen kümmern. Ich hatte Erfahrung und mit Freunden bereits ein Haus saniert. Und mich nach der Wende in einer Bürgerinitiative engagiert, die dafür sorgte, dass sogenannte Abrisshäuser nicht gesprengt wurden. Nach einigem Suchen fand ich für uns in der Nähe des Alexanderplatzes eine freigeräumte DDR-Plattenbauschule. Damals machte sich der Geburtenrückgang drastisch bemerkbar. Schulen wurden verlassen oder zusammengelegt.

Dort zogen wir ein: in zwei Räume mit 17 Kindern und zwei Lehrern. Gründeten auch gleich einen Hort und sorgten bei der Senatsverwaltung für die Anerkennung unserer Schule als »Ersatzschule«. Das klingt vielleicht komisch, ist aber grundgesetzlich garantiert. Der Staat ist verpflichtet, die Gründung solcher Schulen zu unterstützen, um eine Gleichschaltung in Bildungsfragen zu verhindern, auch aus der Erfahrung im Nationalsozialismus heraus. Wer also eine Schule gründen will, sollte zuallererst Artikel 7 im Grundgesetz kennen. Genauer: Artikel 7, Absatz 4.

Mit der Zeit wurden wir immer mehr. Es sprach sich herum, dass da mitten in Berlin ein spannendes Experiment stattfand. Wir wollten am liebsten eine Gemeinschaftsschule haben, in der die Kinder bis zum zehnten Schuljahr zusammen lernen. Das wäre optimal, ging aber nicht. Der Andrang war zu groß, und wir brauchten ein neues Gebäude für die weiterführende Schule.

Anfangs dachte ich, gut, wir haben schon eine Menge geleistet, vielleicht gehen unsere Kinder nach den guten Erfahrungen auf ein Gymnasium im Kiez. Also schauten wir uns mal eins an. Und waren sehr verwundert, dass die Lehrer interessierte Eltern und Schüler gleich aufteilten. Die Kinder in diesen, die Eltern in den anderen Raum. Aber mich interessierte, wie die Lehrer mit ihren Schülern umgehen, nicht, wie sie Eltern behandeln. Also habe ich mir angehört, was den Kindern gesagt wurde. Der Schulleiter, ich war fassungslos, gratulierte den Schülerinnen und Schülern zu ihrer Schulwahl und meinte, am Ende der Schulzeit wären sie in der Lage zu studieren und exklusive Jobs zu bekommen. Dieses Aussortieren von Anfang an hat mir nicht gefallen. In meinem Bekanntenkreis sind Leute, die im Supermarkt arbeiten oder einen Blumenladen haben. Sie sind nicht weniger oder mehr exklusiv als andere, die studiert haben.

Und wir dachten uns: Sollen unsere Kinder nach all den guten Erfahrungen in unserer Grundschule jetzt dahinter zurückbleiben? Wir standen also wieder vor der Wahl: einen Kompromiss zu schließen oder erneut eine Schule zu gründen. Also suchte ich erneut Räume in Berlin-Mitte. Im Dezember 2006 gründeten wir mit 60 Leuten einen Förderverein und fanden im Juni 2007 endlich ein neues Schulgrundstück. Im August ging es dann los – ein Wahnsinn war das. Vor allem für meinen älteren Sohn, der geduldig wartete und im Mai noch nicht wusste, in welcher Klasse er im neuen Schuljahr sein würde. Als wir dann die neue Schule bezogen, bedankte er sich: Toll, dass ihr für mich eine Schule gebaut habt. Und jetzt feiert bald der erste Jahrgang Abitur, das wird ein Riesenfest für alle. Ich habe schon zwei andere Initiativen beraten, die unser Konzept übernehmen wollen. Jedem, der daran denkt, seinen Kindern eine bessere Bildung zu ermöglichen, möchte ich raten, dieses Ziel nicht aus den Augen zu verlieren. Es ist so vieles möglich, wenn du dich für eine Sache entscheidest. Wenn du etwas willst, hat meine Mutter immer gesagt, wirst du es auch schaffen.

Unsere Schulen gegründet zu haben, war für mich eine der glücklichsten Erfahrungen in meinem Leben. Dieses Gefühl der Selbstwirksamkeit ist großartig. Und neulich meinte mein Schwiegervater, dass ich jetzt eigentlich eine Universität gründen müsste. Dazu ist es noch nicht gekommen, aber ich bin dabei, ein Bildungswerk aufzubauen für Erwachsene. Das Schönste ist: Die profitieren jetzt von den Lernerfahrungen unserer Kinder. Die Alten lernen von den Jungen: Das macht Lust auf mehr.

»Projekttag ist in unserer Schule jede Woche«

Wir haben das Glück, auf eine Schule zu gehen, in der die Lehrer uns fragen, wovon wir träumen und welche Vorstellungen wir vom Leben haben. Im ersten Moment ist das komisch, weil sonst niemand danach fragt. Sonst geht es ja immer darum, gut zu sein und wenig Fehler zu machen. Aber wenn man mal richtig darüber nachdenkt, dann helfen Träume einem weiter. Weil man eine Ahnung davon bekommt, was man wirklich mag, und sich sogar über Ziele im Klaren wird. Dann kann man sich überlegen, wie man sich auf den Weg macht.

Unsere Schulleiterin zum Beispiel möchte einem Jungen mit Downsyndrom seinen Traum erfüllen: Der möchte nämlich einmal von zu Hause aus mit einem Pferd zur Schule reiten. Durch halb Berlin. Ist das nicht toll? Jetzt muss es nur noch klappen, ein Pferd zu organisieren. In Berlin steht schließlich nicht an jeder Ecke eins herum.

Aber wie kann man seine Träume umsetzen, und das auch noch in der Schule? Wir glauben, dafür einigermaßen eine Lösung gefunden zu haben. So halbwegs, zumindest einmal in der Woche. Denn dann haben wir: Projekttag. Nicht am Ende des Schuljahrs vor den Ferien, sondern in mindestens 200 Stunden im Jahr.

Der Projekttag ist ein Donnerstag und startet in der dritten Stunde nach dem Lernbüro. Wenn wir ein neues Projekt beginnen wollen, versuchen wir als Erstes herauszufinden, was wir machen wollen. Zum Beispiel haben wir uns mal überlegt, es könnte spannend sein herauszufinden, wie man Pralinen herstellt. Wir lieben Pralinen, am liebsten Schoko mit einer Himbeerfüllung. Oder mit Kokosraspeln obendrauf. Läuft euch auch gerade das Wasser im Mund zusammen? Als Erstes haben wir ein »Schoko-Tasting« gemacht. Wir haben eine Frau eingeladen, die sich mit Schokolade auskennt. Wir konnten jede Menge Schokolade futtern, das war köstlich. Dann haben wir uns überlegt, wer von uns was macht. Wir haben uns in Gruppen aufgeteilt, und jede hatte eine andere Aufgabe.

Das Praline-Projekt dauerte zwei Monate, also acht Donnerstage. Unser Ziel war, am Ende ein fertiges Produkt zu haben mit gutem Inhalt, schöner Verpackung und auch einem Werbekonzept. Nützt ja nichts, wenn nur wir allein davon wissen. Das war also unser Job in den nächsten Wochen, dafür hatten wir eben von morgens um halb elf bis nachmittags um viertel vor vier Zeit. Wir haben sogar einen kleinen Werbefilm gedreht und uns überlegt, dass wir auf keinen Fall Schokolade nehmen dürfen von Unternehmen, die Kinder ausbeuten.

Das Praline-Projekt ist ein gutes Beispiel dafür, wie wir versuchen, verschiedene Unterrichtsfächer miteinander zu verbinden. Man muss kalkulieren und organisieren können, einfallsreich sein, gutes Deutsch beherrschen, im Team arbeiten und mit Geld umgehen können. Das Tolle ist: Du vergisst nichts von dem, was du da lernst. Und wenn du in eine Konditorei gehst oder im Supermarkt Pralinen siehst, weißt du, wie viel Arbeit dahintersteckt. Es gibt Schulen, da betreiben die Schüler Schülerfirmen. Das ist klasse. Die Schüler finden Schülerfirmen toll, weil sie da selbst was auf die Beine stellen können.

»Ein paar andere Schüler und ich haben ein Schülercafé eröffnet und dann selbst betrieben. Wir haben uns um die Einrichtung gekümmert, um die Ware, um das Geld usw. und haben dabei gelernt, einen Betrieb zu führen. Da erzählt der Lehrer nicht irgendwas, was man sich so gut wie möglich, so schnell wie möglich merken muss, sondern du lernst, indem du es selber machst und es damit auch selber begreifst.« *Rosa, 13*

Bei einem anderen Projekt sollten wir uns klar werden über unsere Leidenschaften. Sich damit zu beschäftigen, war eine Idee der Lehrer. Manchmal haben die Lehrer eine Idee, und wir finden sie gut, manchmal ist es umgekehrt. Projekte werden bei uns oft gemeinsam entschieden.

Bei den Leidenschaften ging es darum, aufzuschreiben, was wir wirklich gerne machen. Also zum Beispiel faulenzen. Oder schwimmen. Vorm Computer chillen. Oder lesen. Aus dem, was wir richtig gerne tun, sollten wir, das war die Aufgabe, eine Frage ableiten und uns dann intensiv damit beschäftigen. Wir nennen das die »Forscherfrage«. Also ausgehend von einer Leidenschaft dringt man immer tiefer in ein Thema ein und kommt so schließlich zu der Frage.

Bei der Leidenschaft »lesen« sah das so aus: Über die Beschäftigung mit Büchern kamen wir zu den Buchstaben und von dort zum Buchdruck. Und dann zum Mittelalter, als die ersten Bücher in Massen vervielfältigt werden konnten. Unsere Forscherfrage war dann, herauszufinden, wie und wo im Lauf der Zeit die ersten Bücher entstanden sind und welche große Auswirkung die Erfindung des Buchdrucks damals hatte. Zum Beispiel konnten viel mehr Menschen plötzlich Schriften lesen, die sonst vielleicht nur Mönchen vorbehalten waren. Die Bücher wurden preiswerter, und die Leute begannen, sich über das Lesen zu bilden.

Eine andere Forscherfrage – das war mal in der siebten Klasse – lautete, das Geheimnis einer Lakritzschnecke zu erkunden, also herauszufinden, warum sie sich so wahnsinnig gut verkauft. Wir verschlingen sie tütenweise, und zu gerne würden wir das Rezept kennen und noch mehr darüber wissen, wie man damit so richtig viel Geld verdienen kann. Die Frage hilft einem, sich in all den Informationen zu orientieren. Wir haben dann herausgefunden, dass Lakritz mal ein Heilmittel war und aus einem Süßholz gewonnen wird, das in Asien wächst. Aber leider haben wir das Geheimnis der Lakritzschnecke nicht wirklich gelüftet, obwohl wir versucht haben, in Unternehmen anzurufen, die damit viel Geld verdienen.

Es gibt so viele Fragen, und keine ist zu blöd, als dass man sich nicht erst einmal damit beschäftigen sollte. Zum Beispiel fällt uns auf, dass in den großen Städten die Matratzenläden immer an der Ecke sind. Warum eigentlich?

Weil die Kunden dann von beiden Seiten ins Geschäft stürmen können? Und so mehr Umsatz möglich ist? Oder ist es nur Zufall?

Aus einer solchen Frage könnte bei uns ein Projekt werden, wenn alle damit einverstanden sind. Es ginge dann um Marketing, Wirtschaft, Produktionsbedingungen, das Gehalt der Verkäufer, die verwendeten Materialien und vieles mehr. Wir könnten sogar versuchen, selbst eine Matratze zu entwickeln. Vielleicht so eine, auf der man im Schlaf lernen kann.

Wir haben uns auch schon mal mit Luthers Wegbegleiter Melanchthon beschäftigt und mit Kinderarbeit in Bangladesch. Oder haben neue Stadttouren für Berlin entwickelt, eine sogar in Form einer Schnitzeljagd. Bei diesem Projekt haben wir verschiedene bereits existierende Angebote ausprobiert und uns überlegt, wie man sie verbessern kann. Vielleicht werden unsere Ideen eines Tages von einer Firma umgesetzt, da gab es schon Interesse.

»Wir lernen, Verantwortung zu übernehmen«

Es gibt da etwas, wovon wir Schüler oft sprechen, aber so richtig wissen viele von uns nicht, was es bedeutet. Wenn wir zum Beispiel eine Gruppenarbeit machen und die Aufgaben vorher verteilen, also der eine recherchiert im Internet, der andere druckt Bilder aus, der nächste schreibt eine Einleitung, dann kann es oft passieren, dass wir uns am Ende nicht darüber einig sind, wer was gemacht hat. Oder wer was machen sollte. Wenn was fehlt oder wenn man das Falsche gemacht hat, passiert es ganz schnell, dass wir uns streiten und uns gegenseitig die Verantwortung in die Schuhe schieben. Dann heißt es: »Du warst dafür verantwortlich!« Dann der andere: »Nein, du!« Und so geht es hin und her, und jeder versucht, den anderen schlecht aussehen zu lassen.

Jeder kennt das von sich selbst: Wenn er einen Fehler gemacht hat, ist es wirklich schwer, sich den einzugestehen. Wer gibt das schon gerne zu? Eigentlich will man doch alles immer richtig machen. Und Schuld haben will man auch nicht. Die gibt man dann automatisch einem anderen. Man traut sich einfach nicht, der Gruppe in der Schule zum Beispiel, mit der man an einer Arbeit oder einem Projekt sitzt, zu sagen, dass es einem leidtut.

Was bei uns im Kleinen passiert, geschieht auch in größeren Kreisen. Bei Politikern ist ganz oft von Verantwortung die Rede. Der eine übernimmt sie, der andere gibt sie ab; und wenn sich die Leute nicht einig sind, ist es ein einziges Durcheinander, weil keiner freiwillig zu seinen Fehlern steht. Das ist schon seltsam. Andererseits können wir das ein bisschen auch verstehen, weil es ja schon peinlich ist, wenn ein Minister von anderen abschreibt und das herauskommt. Abschreiben bedeutet ja, dass man nur so tut, als ob man was weiß.

Wer in den Urlaub fährt, überlässt seine Katzen nur dann einer Freundin, wenn er ihr vertraut und sich ganz sicher ist, dass es den Tieren bei ihr gut geht. Und die Freundin übernimmt dafür die Verantwortung. Das ist ja auch gut so, und es ist ein schönes Gefühl, wenn andere einem das zutrauen. Das bedeutet nämlich auch, ernst genommen zu werden. Und du fühlst dich wohl, und es tut dir gut, wenn du siehst, dass du gebraucht wirst. Du und kein anderer.

In unserer Schule ist Verantwortung übernehmen eine große Sache. Weil wir das wichtig finden. Jeden Mittwoch nach dem Mittagessen schwirren die Siebt- und Achtklässler aus, um Verantwortung zu übernehmen. Zwei Stunden jede Woche, mindestens. Das ist bei uns Pflicht. Wir suchen uns also eine Aufgabe und verpflichten uns für ein Schuljahr, ihr nachzugehen.

Ein Beispiel: Ich besuche alte Menschen im Altersheim. Unterhalte mich mit ihnen. Spiele Brettspiele. Backe Kuchen. Oder bringe ihnen bei, wie man einen Computer bedient. Eine von uns hat auch schon mit einer Gruppe von älteren Frauen ein Rezeptbuch gemacht; Rezepte von früher aus alten Büchern gesucht oder auch aus der Erinnerung aufgeschrieben. Das ist total spannend, Geschichten aus einer anderen Zeit zu hören. Was die Menschen im Krieg erlebt haben, wie sie die Zeit heute sehen, was sie uns raten und empfehlen. Wie es war, vor 60 Jahren jung zu sein. Wir kaufen auch für sie ein und fragen, was wir sonst noch für sie tun können.

Oder man macht es wie ein Schüler unserer Schule:
»Ich habe jüngeren Kindern Schach beigebracht, in einer Grundschule. Mir macht Schach sehr viel Spaß. Ich finde nicht so toll, dass sich viele Kinder nach der Schule vor den Computer setzen oder vor die Glotze. Also lieber Schach. Meine besondere Erfahrung war, dass genau diese Kinder so begeistert bei der Sache waren. Und ich habe auch viel gelernt: nämlich mit ihnen umzugehen, wenn sie laut waren und herumrannten.« *Paul, 13*

Nachdem er ein paar Mal da war, haben die Kleinen nicht mehr gefragt, wer er ist. Sie haben sich an ihn erinnert und sich sogar auf ihn gefreut. Das ist ein sehr schönes Gefühl, wenn du an der Tür klingelst, und schon kommen ein paar Kinder angerannt! Und trotzdem ist es dann auch mal ungewohnt und wirklich schwierig, weil man nicht alle gleichzeitig im Auge behalten kann. Und Angst hat, es könnte etwas passieren. Dann muss man sich zusammenreißen und schauen, dass alles gut geht. Das ist eine gute Erfahrung. Man entwickelt ganz neue Fähigkeiten, wie man sie in der Schule gar nicht richtig entwickeln und benutzen kann. Aber darum geht es ja beim Projekt Verantwortung: Es ist ein Schulfach für Dinge, die man sonst in der Schule nicht lernen würde.

Ganz neue Erfahrungen verschafft einem auch die Arbeit in der Bibliothek. In einer Leihbücherei Bücher sortieren, das hört sich vielleicht langweilig an. Da hätte man sich besser eine andere Verantwortung ausgesucht. Es kann echt öde sein, wenn man die ganze Zeit auf dem Boden herumkriecht und Kinderbücher sortiert. Aber das gehört eben auch dazu: Wer eine Verantwortung übernimmt, sollte sie auch tragen. Ein Jahr lang war eine von uns dann also jeden Mittwochnachmittag in der Bücherei und hat schwer aufgepasst, dass jedes Buch wieder dort steht, wo es hingehört. Wichtig bei der Verantwortung ist, dass man verlässlich bleibt. Die Leute warten auf einen, man sollte pünktlich sein und das einhalten, was man verspricht.

Einige von uns helfen auch auf einem Bauernhof. Eine Freundin von uns besuchte krebskranke Kinder im Krankenhaus. Sie hat mit ihnen gespielt oder Geschichten vorgelesen. Welche Verantwortung wir übernehmen, ist uns überlassen. Das müssen wir uns schön selbst überlegen. Die Entscheidung nimmt uns keiner ab. Schon da beginnt die Verantwortung.

»Mit den Sprachbotschaftern läuft das so: Kinder helfen Kindern«

Dass man eine Menge tun kann, zeigt unser Engagement als sogenannte Sprachbotschafter. Diese Verantwortung übernehmen immer mehrere von uns. Da haben wir schon wirklich gute Erfahrungen gemacht. Sprachbotschafter bedeutet: Wir gehen in Grundschulen und helfen Kindern, die Probleme mit dem Lernen haben.

Das Prinzip ist ganz einfach: In unserer Werkstattzeit oder beim Projekt Verantwortung kümmern wir uns um Kinder in der ersten oder zweiten Klasse, die noch Unterstützung brauchen. Kinder, die Schwierigkeiten haben mit Grammatik oder beim Lesen. Oder Probleme, Mathe zu checken. Die Lehrer sind dafür echt dankbar und sagen uns auch, was zu tun ist. Welche Aufgaben oder welcher Unterrichtsstoff gerade dran ist, was ansteht und gemacht werden sollte.

Anfangs ist es manchmal komisch, weil die Kinder nicht verstehen, warum wir da sind. Einige von uns sind ziemlich groß und werden dann für einen neuen Lehrer gehalten. Aber die Kinder merken schnell, dass wir nicht auf Noten achten oder sie bewerten, sondern sie unterstützen wollen. Oder auch erst einmal nur mit ihnen sprechen, darüber, wie es ihnen geht, was sie mögen und was nicht. Da entstehen wirklich gute Beziehungen, auch über den Unterricht hinaus. Wir sind so was für sie wie für uns unser Tutor. Wenn man sich kennt, kann man besser voneinander lernen. Und die Kinder freuen sich und sagen: Könnt ihr nicht jeden Tag kommen?

Da war zum Beispiel mal die Geschichte eines achtjährigen türkischen Jungen. Er erzählte, dass er nach der Schule immer vor dem Computer hockt und Ballerspiele macht. Weil sein älterer Bruder das auch tut. Und der ist eben sein Vorbild. Mit diesem Jungen hat eine Freundin von uns erst mal nicht über Lesen und Schreiben gesprochen, sondern eher über das, was er da so nachmittags macht. Und mit der Zeit kam heraus, dass der Junge eigentlich viel lieber etwas anderes lernen oder spielen möchte, aber sich nicht so richtig von seinem älteren Bruder abgrenzen kann. Und dann das Tolle: Nach ein paar Wochen erzählte er stolz, dass er nicht mehr so oft auf dem Computer spielt.

Es ist wirklich wichtig, zu erfahren, warum jemand etwas macht. Erst wenn man weiß, was in den Köpfen der Leute vor sich geht oder was drin ist, kann man überhaupt mit etwas Neuem anfangen.

Die Idee mit den Sprachbotschaftern ist so einfach. Kinder helfen Kindern. Und plötzlich hat jeder eine Aufgabe, eine Verantwortung. Du willst, dass ein anderer besser in der Schule mitkommt oder sich besser mit seinen Mitschülern versteht. Und der andere möchte dich nicht enttäuschen und strengt sich an. Das Ganze ist so direkt und ohne große Umwege. Und wenn dann ein Kind, was vorher nur schlechte Erfahrungen in der Schule gemacht hat, plötzlich Spaß hat, an sich glaubt und sich was zutraut und weniger Angst hat, in die Schule zu gehen, dann sind wir stolz. Wenn plötzlich die allercoolsten Jungs sagen, dass sie gern lernen. Wir wissen eigentlich gar nicht, warum die Leute nicht früher darauf gekommen sind. Also die Leute, die Pläne machen, wie wir lernen sollen.

Freiheit aushalten
von Dodo Kleihues, Modedesignerin und Gesamt-
elternvertreterin an der Evangelischen Schule Ber-
lin Zentrum

Unsere Schule funktioniert durch das Mitmachen aller: Eltern – Schüler – Lehrer. Sie lebt durch die Gemeinschaft, und viele unserer Projekte und Lernformate sind nur deshalb möglich, weil alle an einem Strang ziehen.

Unsere Schule verlangt den Eltern aber auch einiges ab. Sie müssen ihre Kinder loslassen, mehr als an anderen Schulen. Verantwortung übernehmen, Herausforderungen meistern, sich selbst organisieren – das geht dann am besten, wenn man es selbst tun muss. Wenn Eltern sich nicht zu viel einmischen, sondern ihre Kinder zwar begleiten, aber auch das Vertrauen aufbringen, sie vieles selbst machen zu lassen, ohne jeden ihrer Schritte zu kontrollieren. Für dieses vertrauensvolle Miteinander von Schülern, Lehrern und Eltern ist es sehr wichtig, dass die Eltern engen Kontakt zur Schule haben und eingebunden sind. Es ist wichtig, dass sie verstehen, wie ihr Kind hier lernt und wie die Schule funktioniert.

Also haben wir bei uns die sogenannte Elternschule

eingeführt. Am Anfang des Schuljahrs laden wir alle neuen Eltern ein, unsere Schule ausführlich kennenzulernen. Schüler, Eltern und Lehrer erzählen und zeigen in Workshops, wie es bei uns läuft. Was alles möglich ist. Und was nicht. Unsere Elternschule bietet eine Art Gebrauchsanweisung für unseren Weg. Und eine Ermutigung, Freiheit zu gewähren. Und Freiheit auszuhalten.

Denn viele Eltern haben ein großes Problem damit, ihre Kinder loszulassen. Die Befürchtung, dass sie doch so vieles nicht allein schaffen können. Sie haben Mühe, im Kind einen Menschen zu erkennen, der im Grunde genommen genau das macht, was auch Erwachsene versuchen: sich im Leben zurechtzufinden. Und sie haben Schwierigkeiten, ihr Kind so zu sehen, wie es ist. Weil, ob wir Eltern es wollen oder nicht, unbewusst immer unsere Vorstellungen eine Rolle spielen. Dass wir uns Kinder wünschen, die vor allem uns gefallen. So sind, wie wir denken, dass sie sein sollen. Ängste und Sorgen sind ja auch immer verbunden mit Hoffnungen und Erwartungen. Das ist verständlich. Umso wichtiger ist es, Freiräume zu schaffen, Platz für eigene Erfahrungen. Darum geht es in unserer Schule, mehr als in anderen. Wir möchten Kinder ermutigen, so viele Erfahrungen wie möglich zu machen, am besten, so viele gute wie möglich. Und wenn es schlechte sind: auch prima. Fehler sind kein Schimpfwort, Fehler bieten die Möglichkeit zum Handeln. Und einen Umgang zu finden mit dem Scheitern, ist auch eine wichtige Erfahrung, die wir den Schülern bei uns bieten.

In unserer Elternschule ermuntern wir Väter und Mütter, sich an ihre eigene Schulzeit zu erinnern. Daran, wie es damals war, mit 14, 15, 16 Jahren. Damit sie ein Gefühl bekommen für die Gefühle ihrer Kinder und ihnen auf Augenhöhe begegnen können. Und nicht von oben herab Referate halten, was sein sollte und was nicht. Wir wünschen uns Eltern als Begleiter ihrer Kinder, als Berater und Unterstützer, nicht als Bevormunder.

Wir machen viele Dinge anders, und manchmal ist das auch wirklich sehr anstrengend für alle. Wenn ein 13-jähriges Mädchen plötzlich eine Herausforderung wählt, welche den Eltern Angst einjagt – dann kann das schon an den Nerven zehren. Wenn sich die Kinder allein auf einen Weg machen, nur mit einem Notfallhandy des Begleiters erreichbar – das ist schon eine Zumutung. Da klopft auch vielen das Herz, die sich sonst als eher entspannt erleben.

So bieten unsere Schule und unsere Art des Lernens auch für die Eltern viele Möglichkeiten, sich neu kennenzulernen. Sich auch ein wenig den Unwägbarkeiten des Lebens auszuliefern. Um dann zu merken, wie stark ihre Kinder sind, wenn sie das Gefühl haben, dass man ihnen vertraut. Wie viel Kraft ihnen erwächst, wenn sie auf sich gestellt sind. Selbst entscheiden müssen. An Schwierigkeiten wachsen. Und nicht verzweifeln.

Das erfordert einige Mühe von allen, Mühe, die sich lohnt. Die Auseinandersetzung mit den eigenen Sorgen und Bedürfnissen kann sehr spannend sein. Und auf diese Weise wächst eine Gemeinschaft. Dass man sich zusammensetzt und gemeinsam herausfindet, was einem guttut. Was schlecht ist. Welche Hoffnungen man hat und welche Träume man sich erfüllen kann. Die Rolle der Eltern sollte sein, ihre Kinder zu unterstützen. Sie zu fragen: Was brauchst du von mir? Wie kann ich dir helfen?

Unsere Schule macht Kinder stark. Und die Eltern, das ist das Schöne, auch.

»Wie sehen richtige Herausforderungen aus?«

Man sagt ja, dass Schule einen auf das spätere Leben vorbereiten soll. Und eigentlich scheitern die meisten Schulen da auf ganzer Linie. Dabei ist das der größte Fehler, den eine Schule machen kann. Ist ja auch irgendwie unfair, oder? Die Schule wirft uns am Ende raus ins Leben mit lauter Wissen, aber irgendwie auch vollkommen unvorbereitet.

Wir finden, das Leben ist doch eigentlich eine einzige, riesige Herausforderung, bei der man vieles lernt. Ob nun in der Schule, auf der Straße, im Zoo oder in der Straßenbahn – überall macht und sammelt man Erfahrungen und entwickelt oder erweitert Fähigkeiten. Allein fremde Leute auf der Straße anzusprechen, nach dem Weg zu fragen, erfordert etwas Mut. Bei dem einen mehr, bei dem anderen weniger, das ist klar. Unterschiedliche Menschen haben auch unterschiedliche Stärken und Schwächen. Dem einen fällt etwas sehr schwer, was dem nächsten total leicht fällt. Und genau deshalb sind diese Herausforderungen, die man im Leben meistert, auch bei jedem total unterschiedlich, denn jeden fordert etwas anderes heraus. Und irgendwann muss man sich mal überwinden und sich was trauen. Das ist ja das Leben, glauben wir. Es kommen einfach immer wieder neue Sachen auf einen zu, Herausforderungen eben.

Unsere Lehrer haben das kapiert. Wir haben jetzt kein Fach Erfahrung. Aber so was Ähnliches. Bei uns sind drei Wochen Herausforderung angesagt. Das ist an der Stadtteilschule in Hamburg-Winterhude schon seit Langem ein Fach. Da sind zum Beispiel Schüler mit dem Fahrrad von Hamburg bis zur Zugspitze gefahren. Das hat uns inspiriert. Drei Wochen nach den Sommerferien ziehen wir los. Um Erfahrungen zu sammeln und nach Erlebnissen zu suchen, die wir nicht vergessen. Die uns in Kopf und Herz bleiben. Wo wir dauernd Antworten finden müssen auf Unvorhergesehenes. Nach Lösungen suchen. Und: Wir entscheiden selbst, was uns herausfordert, wo und wie wir die drei Wochen verbringen wollen.

Allerdings gibt es ein paar Regeln. Du musst mit 150 Euro auskommen. Für Essen, Übernachtung und Fahrtkosten. Da kannst du dich nicht einfach in den Zug setzen und weit wegfahren. Du kannst dir auch nicht drei Wochen lang einen Campingplatz oder eine Jugendherberge leisten. Ein Eis pro Tag kann man sich kaum erlauben, wenn man für drei Wochen nur 150 Euro zur Verfügung hat. Es sei denn, man findet einen Bauernhof, auf dem Kost und Logis frei sind. Es sind also viele Fragen zu berücksichtigen: Schlafen wir im Zelt, müssen uns also nur überwinden, Leute zu bitten, dass wir auf ihrem Grundstück sein dürfen? Wer sich dazu nicht durchringen kann, muss es lernen oder sich eine andere Lösung einfallen lassen. Manche klingeln in Pfarrbüros oder beim Bürgermeister und haben schon die tollsten Sachen erlebt.

Wir ziehen mindestens zu zweit los, meistens sind wir fünf oder sechs Leute, sehr selten zehn. Auf jeden Fall kommt ein Betreuer mit. Eigentlich brauchen wir keinen Betreuer, er ist aber wichtig, um die Eltern zu beruhigen. Der Betreuer ist einfach jemand, der ein bisschen auf uns aufpasst. Aber wir sollen und wir wollen allein klarkommen. Wenn wir uns im Wald verlaufen, darf der Betreuer nicht eingreifen, höchstens, wenn wirklich große Gefahr ist. Er darf einem auch nicht die Richtung vorgeben, in die man gehen muss, nein! Der Betreuer muss sich eigentlich aus allem raushalten. Es ist schon oft passiert, dass eine Gruppe mehrere Kilometer in die falsche Richtung gefahren oder gelaufen ist, und der Betreuer wusste es die ganze Zeit.

Selbstverständlich versorgen wir den Betreuer mit und übernehmen auch andere Ausgaben für ihn, wenn welche anfallen sollten. Da muss man das Geld gut einteilen, sonst hat man in der letzten Woche nichts mehr. Damit da nichts schiefgeht, wählt man in der Vorbereitungsphase einen Kassenwart aus, der auch zu einem Kassenwart-Training gehen muss, wo er lernt, wie man das macht. Es kann passieren, dass jemand, der in Mathe schlecht ist, genau diesen Job kriegt. Und manche Lehrer sind dann erstaunt, dass es klappen kann.

150 Euro sind wirklich nicht viel Geld. Aber trotzdem haben schon Schüler als Herausforderung eine Segeltour damit gemacht, aber das war eine Ausnahme. Dafür muss man schon sehr listig sein und Leute kennen und vor allem das fehlende Geld organisieren; viele Eltern würden uns am liebsten insgeheim Geld zustecken, aber das ist verboten. Und wir machen da auch nicht mit, wir wollen uns nicht selbst betrügen. Wenn wir also eine Reise vorhaben, die wirklich über die Verhältnisse geht, müssen wir einen Antrag stellen, und die Schulkonferenz entscheidet, ob eine Ausnahme genehmigt wird. Das kommt nicht oft

vor, und du musst starke Gründe haben. Doch wenn es genehmigt wird, arbeiten wir dafür. Zum Beispiel sorgen wir auf Elternabenden oder anderen Veranstaltungen in unserer Schule für das Essen und organisieren Buffets. Du darfst immer auch kreativ sein. So haben zum Beispiel Schüler, die eine Wanderung in Schweden machen wollten, Fährunternehmen angeschrieben, und durften dann kostenlos mitfahren.

Mit den Planungen fangen wir im Februar nach den Winterferien an. Als Erstes überlegen wir, was wir wo mit wem machen wollen. Man kann natürlich seine Freunde fragen oder mal Leute, mit denen man vorher überhaupt nichts zu tun hatte. Dann macht jeder Vorschläge, aber sie sollten realistisch sein. Eigentlich nimmt das jeder ernst. Wichtig ist, dass so eine Herausforderung außerhalb von Berlin stattfindet, auch deswegen, damit man weit weg ist von seinen Eltern und Geschwistern. Die meisten Herausforderungen sind Radtouren, Wanderungen oder Kanufahrten, viele Schüler gehen auch auf einen Bauernhof. Manche ins Kloster, helfen verletzten Tieren oder radeln mit der »Plant for the planet«-Botschaft durch Niedersachsen und halten Vorträge in Schulen.

Auf echte Erlebnisse kommt es an. Auch um mal einschätzen zu lernen, was wir sonst so den ganzen Tag machen. In der Herausforderung brauchst du sechs Stunden, um vielleicht 20 Kilometer Weg zu schaffen – in Berlin hast du das mit der Bahn in 20 Minuten erledigt. Zu Hause steht das Essen auf dem Tisch – auf einer Wanderung musst du selbst kochen. Und darin gibt es – zumindest bei der ersten Herausforderung – wenig Erfahrung. Abends müde irgendwo ankommen und dann noch Essen machen. In solchen Momenten denken wir daran, wie schön es ist, dass du zu Hause etwas gekocht bekommst, aber auch, wie oft wir zu Hause über das Essen meckern. Dass es mal zwei Tage hintereinander Nudeln gibt. Da schämt man sich schon fast, über welch unnötige Sachen man sich aufregt.

Am schlimmsten ist es aber, nicht jederzeit auf eine Toilette gehen zu können oder frisches Wasser zu haben, einfach so wie zu Hause mal eben den Wasserhahn aufdrehen. Dieses völlig Selbstverständliche neu zu erleben, das ist eine echt wertvolle Erfahrung. Davon erzählen wir bestimmt noch unseren Kindern, denn das prägt sich so unfassbar tief ein. Und keiner sagt dir, was jetzt dran ist, keiner lehrt dich was. Es kommt nur auf dich an und die Leute in der Gruppe.

Ein paar von uns waren zum Beispiel zu Fuß in Frankreich unterwegs, irgendwie hatten sie sich preiswerte Tickets organisiert, um dahin zu kommen. Die Mädels haben sich ziemlich oft verlaufen, sie waren echt am Rand, manche haben geheult, aber im Nachhinein haben sie sich durchgekämpft und jedem erklärt, Besseres hätten sie in ihrem Leben noch nicht erlebt. Die waren so stolz auf sich, und ihre Eltern meinten, sie waren kaum wiederzuerkennen.

»Unsere große Herausforderung war mal, drei Wochen mit wenig Geld in Frankreich zu überleben. Wir also mit dem Nachtzug von Berlin nach Paris und von dort weiter nach Corville, unserem Startpunkt. Von da wollten wir 110 Kilometer wandern. Man muss sich das so vorstellen: Fünf durchgeknallte Mädchen mit 18 Kilo schweren Rucksäcken, noch nie gewandert, und keine kann Französisch. Wir hatten natürlich vor der Reise versucht, alles so genau wie möglich zu planen, aber es wurde ein Trip ins Ungewisse.

Wir waren in den Bergen und wussten nicht, wo wir nun genau sind. Wir hatten die Schilder falsch gelesen, plötzlich war da kein Haus mehr, nur noch Berge und Wald. Und kein Wasser, es war warm, alle waren am Ende, der Rucksack drückte, und wir hatten Blasen an den Füßen.

Aber wir sind einfach weitergelaufen, das war eine gute Erfahrung, als Gruppe. Und dann kamen wir an ein Haus, mit einem verpeilten Opa drin, der gab uns Wasser. Wir hatten einen Zettel mit ein paar französischen Sätzen, die wir nicht aussprechen konnten, aber am Ende ging alles gut. Jede von uns hat gelernt, an ihre Grenze zu gehen. So sind wir echt zusammengewachsen und als Gemeinschaft zurückgekommen.« *Sara, 14*

Das muss immer ein ziemliches Erlebnis für unsere Eltern sein, wenn wir von so einer Herausforderung zurückkommen. Die sind dann immer wirklich erstaunt, was aus uns geworden ist, wie wir uns verändert haben. Uns kommen die drei Wochen vor, als seien wir nur eine Woche weg gewesen, die Eltern denken, wir waren zwei Monate weg. Dass wir nicht da sind, ist für die auch eine Herausforderung.

»Wir waren ein paar Mädels und wollten paddeln, auf der Lahn. Und weil wir nicht viel Geld für die Anreise ausgeben wollten, haben wir einen Spartarif gefunden bei der Bahn, waren dafür aber auch von Berlin nach Marburg zwölf Stunden unterwegs, siebenmal mussten wir umsteigen.

Als wir dann endlich ankamen, stellten wir fest, dass wir nicht genügend Wasser dabeihatten, nur eine Flasche. Und dann haben wir ein Ehepaar getroffen, das uns einlud, die Nacht auf ihrem Grundstück zu verbringen, in ihrem Sauna-Haus mit einer Dusche. Unsere Gastgeber haben sich die ganze Zeit entschuldigt, dass ihr Haus noch nicht renoviert ist; das fanden wir lustig, weil wir uns wohlfühlten, wir hatten endlich Wasser. Ich hätte die Leute heiliggesprochen oder eine Brücke nach ihnen benannt oder eine Straße, weil, sie haben uns echt geholfen. Wir waren so besten Mutes los aus Berlin und plötzlich wirklich auf uns gestellt.

Als ich dann wieder zu Hause war und meine Mutter mir etwas gekocht hatte, saß ich auf ihrem Schoß und wollte sie gar nicht mehr loslassen. Meine Mutter war total erstaunt, ich habe sie umarmt und mich bedankt, dass sie mich bekocht, und dass ich dies ganz besonders finde.

Diese Denkbarkeit kam so aus mir heraus, nach den drei Wochen allein unterwegs. Ich habe in dieser Zeit mehr gelernt als in einem ganzen Schuljahr.« *Linda, 14*

Es gab auch schon die Herausforderung, von dem zu leben, was andere Menschen wegwerfen. Da sind Leute von uns in eine Stadt in Brandenburg gezogen und haben in Supermärkten gefragt, ob sie Nahrungsmittel mit einem abgelaufenen Mindesthaltbarkeitsdatum bekommen können. Oder sie haben gleich in Containern geschaut. Das ist ziemlich krass, auf diese Art betteln zu gehen. Aber wenn man Hunger hat, überwindet man seinen Stolz. Jedenfalls ist es ihnen gelungen, in drei Wochen keinen einzigen Euro für Essen auszugeben.

Eine andere Gruppe hat es geschafft, sich nur von dem zu ernähren, was der Wald hergibt. Brombeeren, Blaubeeren, Himbeeren, Pilze und sogar Heuschrecken, die gar nicht so schlecht schmecken müssen, wenn man sie röstet. Da durfte man nicht mal Bücher mitnehmen. Ist schon interessant: Alle Eltern wollen, dass ihre Kinder lesen, und bei uns sind Bücher manchmal verboten, zumindest im Wald. Die Gruppe wollte schauen, was Menschen wirklich brauchen, wenn es nur ums Überleben geht. Das war eine große Gruppe von Jungs und Mädchen. Ein Junge hat das Experiment abgebrochen, die Früchte des Waldes waren nichts für ihn. Und fast alle fanden die Zeit im Wald eine ziemliche Anstrengung und waren später froh, wieder in der Stadt zu sein.

»Ich war drei Wochen im Wald mitten in Brandenburg. Und habe dort überlebt. Wir waren zehn Leute und wollten probieren, wie man sich abseits der Zivilisation einrichten kann, so einfach wie möglich. Zum Beispiel hatten wir keine Streichhölzer dabei, wir haben mit einem Feuerbohrer Feuer gemacht. Es ist sehr anstrengend, aber man kriegt es hin. Morgens gab es Nüsse und abends Kohleintopf. Wasser zu bekommen, war unglaublich umständlich, wir haben es gefiltert. Es hat eklig geschmeckt, aber man konnte es trinken. Es war heiß, um die 30 Grad, aber all das war nicht die größte Herausforderung. Die war, sich so richtig allein zu fühlen. Bei uns in Berlin gehst du morgens aus dem Haus und siehst gleich fünf, zehn Leute. Im Wald kriechst du aus dem Zelt und hast zehn Bäume vor dir. Außer uns war da niemand, und das hat mich mit der Zeit unheimlich fertiggemacht. Nach diesem Abenteuer habe ich eines gelernt: Im Wald will ich nicht leben.« *Paul, 13*

Einmal sind ein paar von uns von einem kleinen Dorf auf der Höhe von Berlin an die Ostsee gewandert, fast 250 Kilometer. Wir waren zwei Mädchen und drei Jungs, 13, 14 Jahre alt und nicht sehr erfahren im Laufen. Gleich am ersten Tag hat sich einer von uns den Fuß verstaucht, und das war die erste Bewährungsprobe. Wir haben dann sein Gepäck untereinander aufgeteilt, das war für alle selbstverständlich. Und das Tolle: Wir hielten so bis zur Ostsee durch.

Ein Mädchen wurde krank. Als ihre Eltern sie abholten, haben wir vergessen, dass sie uns ihre Karte übergibt, mit Adressen und Routen. Sie hatte nämlich, weil sie gut im Organisieren ist, unsere Tour vorbereitet. So standen wir plötzlich auf dem Schlauch und wussten nur noch den Zielort dieser einen Tagesetappe. Wir sind dann einfach losgelaufen und haben uns zu diesem Dorf durchgefragt. Und hatten Glück, weil wir ein nettes Mädchen trafen. Sie erlaubte uns, an ihrem Computer einen neuen Plan auszudrucken. Und schon wussten wir wieder, wo es langgeht, und durften an dem Abend in ihrem Garten sogar auf einem riesigen Trampolin übernachten. Es ist eine tolle Erfahrung, zu sehen, wie dicht Pech und Glück zusammenliegen. Und wie wichtig es ist, in einer Gruppe zusammenzuhalten. Und sich gegenseitig Mut zu machen.

Und hier sind noch mehr spannende Herausforderungen, die Schüler von uns gemacht haben, unser »Best of« sozusagen

Carla, Lena, Franzi und Enea auf einem Reiterhof
Tiere füttern, Ställe ausmisten, Wände mit Kalk bestreichen und Gras säen, durch den Regen rennen und plitschnass Mais pflücken, am Lagerfeuer Stockbrot machen, und unser Betreuer erzählt dabei Black Stories.

Annie, Elias, Jannes, Klara und viele andere: Wandern in der Wildnis von Korsika
Annies Wanderschuhe hatten am fünften Tag ein Loch, man konnte den Finger durchstecken. Was tun? Wir fanden in einem Winzdorf mit fünf Häusern, als wir unseren gesammelten Müll wegwerfen wollten, in der Tonne ein paar Wanderschuhe, nagelneu und genau in Annies Größe.

Anselm, Lenny, Makeda, Rosa, Helene und viele andere: Hausbau in Altthymen, Brandenburg
Mit 20 Mitschülern was bauen, wo wir leben können, Küche, Dusche, Toilette, Lagerfeuerplatz, Biwak. Hämmern, sägen, Teamwork, in der Gruppe immer besser kommunizieren, die Tagesleitung übernehmen, für eine große Gruppe kochen, ein gutes Gefühl, es gemeinsam geschafft zu haben.

Antonia, Ivi, Emma, Penelope, Malisa, Lina auf Fahrradtour in Schweden
In der Wildnis zelten, haben uns dreimal ein Kilogramm Käse geleistet, Antonias fünfzehnten Geburtstag am Strand gefeiert und unterwegs einen Kometenregen geschenkt bekommen.

Loukie, Stina, Anna Clara, Charlotte, Leo, Tessa: Kreatives Schreiben in Herzberg an der Elster
Haben erfahren, wie die Gruppe einen beim Schreiben weiterbringt und stützt, wie du dabei immer mehr Kreativität und Mut entwickelst, und die tolle Erfahrung gemacht, dass wir als Gruppe so stark zusammenwachsen können.

Clara, Ina und Daria: 150 Kilometer Fußmarsch von Freiburg bis nach Colmar und wieder zurück
Wollten in der Kathedrale von Colmar eine Kerze anzuzünden.

Tim, Raphael und Felix: 362 Kilometer Wanderung von Berlin nach Usedom und zurück

Svana, Uma, Pauline und Nina: 83 Kilometer Wanderung von Emmen in Holland bis nach Emden

Anatol und Moritz: 219 Kilometer Wanderung von Berlin nach Rostock

Jacomo, Sabine, Ivana, Fee, Julian und Aaron: 118 Kilometer Wanderung von Augsburg nach Sonthofen

Jacques, Anton, Niklas und Fee: 162 Kilometer Wanderung von Berlin nach Leipzig

Anna Clara, Mia, Vivi, Stella und Lara-Luna: 472 Kilometer Radfahrt von Berlin nach Münster
Haben jede Nacht in einer Kirche geschlafen.

Ludwig: 280 Kilometer Radtour von Berlin nach Hannover

Nora, Theresa, Sophia: Drei Wochen in einem Mittelalter-Dorf
Leben wie im Mittelalter und in einer Schmiede helfen.

Elias, Tibor, Fabian, Benedict: Wandern in der Hohen Tatra

Magdalena, Leyla, Lea: Mit dem Zug nach Florenz und Wanderung zu einem Bauernhof
Arbeit in einer Käserei.

Es ist manchmal nicht so leicht, sich eine Herausforderung zu organisieren. Auch hier erleben wir immer wieder, dass Leute uns nicht zutrauen, dass wir für uns allein verantwortlich sein können. Den Kindern von heute sagt man nach, sie seien so verwöhnt. Obwohl es Eltern gibt, die kümmern sich gar nicht um die Kinder, weil sie selbst Probleme haben. Doch oft gibt es auch Eltern, die alles organisieren und ihre Kinder in Watte packen und permanent um sie kreisen. Die Kinder mit dem Auto überall hinfahren und abholen. Und sie wie an einer Leine durchs Leben führen. Und dann lassen sie eines Tages die Leine los und wundern sich, dass wir ohne Leine nicht klarkommen.

Uns geht dieses Kleinhalten richtig auf den Geist. Aber das Problem ist, dass Erwachsene oft Angst haben, was alles passieren kann, und so auch nicht die Erfahrung machen, was Kindern alles können. Wieso gibt es nur so wenige Erwachsene, die Kindern etwas zutrauen? Wir kennen Kinder, die dürfen mit neun Jahren noch nicht einmal ein Feuerzeug in die Hand nehmen. Oder sie fragen ihre Mutter, ob sie auf einem Feld einen Weg langlaufen dürfen. Schon interessant: Das Projekt Herausforderung ist bei den meisten von uns das Lieblingsfach.

> ### Achtung! Jetzt kommen die Erwachsenen zu Wort
>
> **Begeisterung leben**
> *von Martin Pfanner, Geschäftsführer OMICRON Energy Solutions*
>
> Als ich die Schülerinnen und Schüler der Evangelischen Schule Berlin Zentrum zum ersten Mal erlebt habe, war ich hin und weg, total begeistert. Es gibt ja viele interessante Jugendliche, die einen zum Nachdenken anregen, aber so geballt habe ich es selten

erlebt. Wie die Schüler über sich Bescheid wussten, wie engagiert sie aufgetreten sind, so selbstbewusst und überzeugend, da dachte ich, da muss etwas Besonderes sein an dieser Schule.

Meine Firma stellt Prüfsysteme für Energieversorger her, wir sind so etwas wie eine Rückversicherung für die Energiewende. Als Weltmarktführer in bestimmten Nischen sind wir immer auf der Suche nach spannenden Typen, die uns bei der Entwicklung von Produkten weiterbringen. Derzeit haben wir, nach einem raschen Wachstum, 600 Mitarbeiter. Uns interessiert, wie Schüler heute lernen. So habe ich die Berliner Schulleiterin Margret Rasfeld und ihre Schülerinnen und Schüler kennengelernt. Unser Gründer hatte als Legastheniker große Probleme in der Schule, und doch hat er seinen Weg gemacht. Wie jemand lernt, seinen Weg zu machen, das interessiert mich und uns.

Wir haben hier ein Umfeld geschaffen, das keine künstlichen Grenzen kennt. Wir sind offen, wir sind neugierig, wir lassen viel zu. Und wollen vor allem junge Leute fördern. Statt sie, wie in vielen Branchen üblich, erst einmal zu niederen Diensten zu verdonnern, zum Brötchenholen und so weiter. Die Mitarbeiter sollen sich bei uns wohlfühlen, nur so können wir die besten Leute um uns scharen.

Wir arbeiten sehr stark in Teams, um vorwärtszukommen. Eine herausfordernde Projektarbeit kann auch Jahre dauern, da muss man sich gut kennen und einander vertrauen.

Da ist es gut, wenn man sich damit bereits auskennt. Die Erfahrung von Selbstwirksamkeit mitbringt, das Gefühl für Verantwortung, das Bewusstsein, die Dinge nicht allein regeln zu können. Weil es gemeinsam besser geht. Wir können Menschen nur begrenzt formen, dieser Prozess sollte schon vorher stattgefunden haben. Zwar kann man das auch später lernen, aber je früher, umso besser. Junge Leute können bei uns viel erreichen, wenn sie mit der richtigen Einstellung zu uns kommen.

Wir möchten, dass Schüler uns als Unternehmen weiterbringen. Wir hören ihnen zu, wir denken mit ihnen nach. Und wir unterstützen Initiativen, damit sich Schulen in eine gute Richtung entwickeln.

Die Begeisterung, mit der die Berliner Schülerinnen und Schüler durchs Leben gehen, imponiert mir immer wieder. Das sind ja Jugendliche in der Pubertät; gemeinhin nimmt man an, in dieser Zeit sind sie mit sich beschäftigt und haben kaum andere Interessen. Das kann man von ihnen nicht sagen. Beeindruckend finde ich auch, dass sie von Schwierigkeiten erzählen und auch über ihr Scheitern reden, wie selbstverständlich. Das Ganze ist nicht rosarot gefärbt, und ich habe das Gefühl, dass sie in ihrer Schule zu Persönlichkeiten wachsen. Dort ihren Charakter schulen. Als Menschen, die ich als ein ganzheitliches Kunstwerk betrachte.

Wir mögen sie. Und wir mögen Menschen, die nicht den erstbesten Weg einschlagen. Bei uns sind viele mit schrägen Lebensläufen, Menschen mit vielen Erfahrungen, Menschen, die weit über den Tellerrand hinausschauen. Unser Bauleiter ist studierter Philosoph und so gesehen nicht vom Fach. Aber ein großartiger Kerl. Ein anderer hat sein Biologiestudium abgebrochen und leitet heute unsere Organisationsentwicklung.

Wir möchten Menschen erleben. Wer zu uns kommt, kann einen »Tasty day« machen, um vielleicht auf den Geschmack zu kommen. Zeugnisse und Noten interessieren uns weniger, Papier ist geduldig. Ich könnte mir auch vorstellen, dass sich 15-Jährige von der Schule aus bei uns bewerben, warum nicht? Das Wichtigste ist: Wir brauchen starke Kinder. Und wollen Kinder stark machen. Ich habe gute Freunde, die waren grottenschlecht in der Schule. Und blühten in der Lehre dann regelrecht auf. Darauf kommt es doch an: dass man begeistert ist, auch vom eigenen Leben.

»Wir bringen Lehrern bei, wie Schule geht«

Montags ist bei uns Besuchszeit. Von 14 bis 18.30 Uhr können Lehrer von anderen Schulen zu uns kommen, um darüber zu reden, was man in der Schule alles ändern kann. Und ändern sollte. Aus ganz Deutschland und auch aus Österreich und der Schweiz kommen Pädagogen, Studenten, Eltern und Schüler und wollen es wissen.

Und das Besondere ist: Wir Schüler sind die Experten. Wir erzählen, wie wir am besten lernen können, was der Tutor und Beziehung für uns bedeuten. Und über Verantwortung und Herausforderung, Wertschätzungskultur und Schulversammlung.

Und das kam so: Es hat sich rumgesprochen, dass bei uns alle zusammen lernen, Jüngere und Ältere, ohne Noten, so tolle Fächer haben wie Herausforderung und gerne in die Schule gehen. Wie soll denn das gehen?, fragten sich dann wohl viele. Jedenfalls bekamen wir eine Menge Anfragen von Leuten, die sich das angucken wollten. Und so haben wir ein richtig cooles System entwickelt, mit dem wir unsere Schule vorstellen können, ohne dass der Unterricht gestört wird. Schüler, die Lust darauf haben, machen das als Werkstatt am Montagnachmittag. Da das gut funktioniert, und viele sich für unsere Schule interessieren, kommen immer mehr Leute. Und nicht unsere Lehrer, sondern wir selbst bieten die Workshops an. Denn wir sind, was das angeht, echte Experten.

Ein paar von uns Schülern nehmen also einmal im Monat die Besucher in der Mensa in Empfang. Meistens kommen so 50 bis 70 Leute. Nach einer Einführung unserer Schulleiterin bilden wir kleinere Gruppen, die dann von Schülern geleitet werden. Jede Gruppe geht in einen Raum und setzt sich in einen großen Kreis, sodass sich alle anschauen können. Wir stellen uns vor und berichten, wie das Lernbüro funktioniert. Oder das Projekt Herausforderung. Und Verantwortung. Wie wir versuchen, uns gegenseitig wertzuschätzen. All diese Sachen.

Das sind dann kleine Vorträge, die wir eigentlich nicht mehr vorbereiten, weil wir genau wissen, was wir sagen wollen. Dass Lernen nur funktioniert, wenn man von einer Sache begeistert ist. Und jeder Mensch nur aus sich heraus lernen kann. Manche Lehrer sind dann irritiert und haben viele Fragen.

»Ich finde, der Lehrer sollte uns bestimmen lassen, weil wir sollen doch was lernen, oder?« *Schüler 14*
Unsere Vorstellung und die Frage- und Diskussionsrunde dauern jeweils eine Stunde, und nach einer Kaffeepause geht es weiter. Wir freuen uns alle auf diese Pause, weil es dann Kuchen gibt, vor allem Nuss und Schokolade sind sehr lecker. Es ist echt erstaunlich, wie oft wir manchmal das Gleiche erzählen müssen, immer und immer wieder und noch mal erklären. Und plötzlich können wir uns in so einen Lehrer ganz gut hineinversetzen, denn der muss uns ja manchmal bestimmte Sachen auch immer wieder erklären.

Am Anfang sind die Teilnehmer in der Regel noch gut motiviert. Aber nach dem Kuchen hören nicht mehr alle aufmerksam zu. Und am Ende sind viele müde, nicht nur wir! Manche Besucher gähnen, aber zum Glück ist noch niemand eingeschlafen. Aber das würde uns auch gar nicht stören, wir fänden das lustig. Im Gegensatz zum normalen Unterricht darf man bei uns einschlafen. Es muss auch niemand fragen, ob er auf die Toilette darf. Das finden wir im Unterreicht mit am schlimmsten, aber gut.

Manchmal kommen Leute einzeln, manchmal in Gruppen, manchmal ist ein ganzes Kollegium da oder Referendargruppen mit ihrem Seminarleiter. Neulich kamen alle Realschulleiter aus München. Viele Lehrer finden toll, was wir machen, andere haben Zweifel. Manche staunen ganz schön, dass wir uns ohne Angst vor eine Gruppe Leute hinstellen und erzählen. Und fast alle sagen hinterher, dass wir sie mit unserer Begeisterung und unserem Mut angesteckt haben.

Mittlerweile werden wir auch eingeladen, außerhalb Berlins von unserer Schule zu erzählen. In Universitäten, auf Fortbildungen, in Schulen. Wir waren zum Beispiel schon in Zürich, Basel, München, Wien, Kiel, Stuttgart, Salzburg und Heilbronn, wo 800 Lehrer uns zugehört haben. Es ist echt spannend, zu beobachten, wie die Leute so reagieren. Manche sind skeptisch und löchern einen dann nach der Veranstaltung.

Einmal kam eine Lehrerin zu uns und wollte, dass wir

ihr was vorrechnen, richtig komisch war das. Sie stellte uns also eine Rechenaufgabe, Bruchrechnung, um zu schauen, ob wir auch genug Mathe lernen. Erst waren wir ein wenig verwirrt, aber dann haben wir uns gefangen und ihr die Lösung gesagt. Da guckte sie aber. Sie war drauf und dran, uns noch mehr Aufgaben zu stellen, aber wir sind gegangen, das war uns dann doch zu blöd. Wenn wir diese Frau noch einmal treffen, sagen wir ihr, dass unsere Schule einen Hochbegabtenpreis gewonnen hat, da wird sie vielleicht Augen machen. Und dass wir nicht nur Brüche berechnen, sondern mittlerweile auch was mit dem Satz des Pythagoras anfangen können.

Wir sind ungefähr einmal im Monat zu einer Fortbildung unterwegs, fliegen dorthin oder fahren mit dem Zug. Übernachten in Hotels oder Jugendherbergen und versuchen in der Zeit auch, für die Schule zu lernen. Wir haben ja unser Logbuch und die Bausteine dabei und wissen, was zu tun ist. Und auf einer Zugfahrt kann man ziemlich gut arbeiten, wenn man sich nicht ablenken lässt.

Ungefähr 50 Schülerinnen und Schüler machen bei diesen Lehrerfortbildungen mit. Wer wann wohin fährt, entscheidet sich manchmal lange vorher, manchmal kurzfristig. Aber so lernen wir, uns schnell auf neue Situationen einzustellen. Alles ohne Zwang.

Lehrerfortbildungen machen Spaß. Man kommt in andere Städte und lernt nebenbei, einen Vortrag zu halten. Ohne Zettel und ohne Absprache gehen wir auf die Bühne, stellen uns vor und legen los. Meistens eine Stunde, manchmal zwei. Oder sogar drei. Und alles ganz spontan. Wir erzählen eben, was wir jeden Tag machen und wie es uns dabei geht. Wenn dann die Leute klatschen, ist das ein ziemlich großes Lob. Manchmal stehen sie sogar auf, so wie in der Oper, wir mussten sogar schon einmal Bücher signieren. Unsere Schulleiterin ist meistens dabei, zu Universitäten oder Schulen fahren wir auch alleine los. Wir sind inzwischen schon zweimal alleine auf Schulleitertagungen eingeladen worden, zum Beispiel von der Evangelischen Akademie Villigst.

Neulich hat der Schulamtsleiter von Heilbronn einen Brief geschrieben und gefragt, ob vier Schüler für eine Woche kommen können, um neu gegründete Gemeinschaftsschulen zu unterstützen. Das war cool. Lara-Luna, Anatol, Anselm und Sarah haben Vorträge für die Schüler und im Lehrerkollegium gehalten und einen Elternabend gestaltet. Im Unterricht haben wir zum Teil unsere mitgebrachten Bausteine bearbeitet, in den Pausen viel erzählt und Freundschaften geschlossen. An einem Tag durften wir im Weinberg arbeiten und wurden hinterher in die Geheimnisse des Kelterns eingeweiht. Wir haben viel bewirken können.

Vor zwei Jahren waren wir in Salzburg an der Pädagogischen Hochschule. Zwölf Schüler haben in Kleingruppen zwei Tage lang mit 58 Professoren und Lehrbeauftragten gearbeitet. Und stellt euch vor, nach den zwei Tagen hat die PH einen Modellversuch für eine neue Lehrerausbildung beantragt, und der läuft jetzt. Da haben angehende Lehrer »Verantwortung« und »Herausforderung« in ihren Seminaren.

In der ersten Zeit waren Lehrerfortbildungen schon ein bisschen aufregend: so viele Leute, die einen angucken. Aber jetzt haben wir uns daran gewöhnt, und es spielt auch keine Rolle mehr, ob 70 oder 2500 Leute zuhören, so viele waren es in Basel auf unserer bisher bestbesuchten Veranstaltung. Für uns ist unsere Schule normal, aber wenn wir in die erstaunten Gesichter der Zuhörer blicken, während wir sprechen, dann wird uns klar: Dinge, die uns einfach erscheinen, sind für andere ziemlich kompliziert. Dann denken wir, dass wir ganz schön viel Glück haben, unsere Schule besuchen zu dürfen.

»Wir Schüler coachen Manager«

Was wir machen, spricht sich langsam herum. Freunde kommen und wollen wissen, was da bei uns abgeht. Deren Eltern fragen, ob wir überhaupt was lernen. Und Oma und Opa möchten hören, ob es dafür auch Noten gibt. Und wundern sich, wenn wir ihnen dann zum Schulende einen dreiseitigen Bericht über unser Schuljahr vorlegen. Wie, Lernbericht? Ihr bekommt gar keine Noten? Wie werdet ihr denn bewertet? Kann man denn so Abitur machen? Und kommt man damit weiter? Wir kennen die Fragen schon, wir wissen, dass es funktioniert, aber viele Leute fassen sich weiterhin ungläubig an den Kopf. Einige denken sogar, wir seien extra dafür ausgebildet worden, Vorträge zu halten und unsere Schule zu vertreten. Wenn die wüssten, dass wir uns erst auf der Fahrt kurz besprechen, wie wir vorgehen.

Wir denken, wir sind normal. Wir streiten uns mit unseren Geschwistern, wir hauen uns Gummibärchen rein, wir laufen mit offenen Schnürsenkeln herum, weil wir zu faul sind, uns zu bücken. Wir sitzen vorm Computer, schauen im Fernsehen »Germany's next Topmodel« und interessieren uns für Jungs. Wir kommen auch mal zu spät in die Schule und gehen gerne shoppen und würden am liebsten alle Nike-Schuhe haben, die es gibt.

Aber was uns vielleicht unterscheidet, ist: Wir haben Bock auf Schule. Meistens jedenfalls.

> ### Achtung! Jetzt kommen die Erwachsenen zu Wort
>
> ### Probleme sind Herausforderungen
> *von Jürgen Erbeldinger, Geschäftsführer Partake*
>
> Ich bin Unternehmensberater und beschäftige mich seit über 15 Jahren mit der Frage, was Unternehmen innovativ macht. Zu meinen Kunden zählen fast alle

führenden deutschen Unternehmen, wir sind mittlerweile über 70 Mitarbeiter.

Einmal im Jahr kommen Schülerinnen und Schüler der Evangelischen Schule Berlin Zentrum für eine Woche zu uns. Das ist jedes Mal eine spannende und lehrreiche Zeit.

Mich begeistert immer wieder, mit welch großem Interesse diese Jugendlichen bei uns sind. Sie sind offen für Neues, haben keine festen Denkmuster und saugen Informationen wie ein Schwamm auf. Sie sind mit ihren 15, 16 Jahren oft weiter als Studenten im vierten Semester.

Ich glaube, das hat mit der Lernkultur auf ihrer Schule zu tun. Dort werden sie herausgefordert, sich immer neuen Themen zu widmen und immer wieder neue Lösungsansätze zu entwickeln. Probleme sind für sie kein Problem, sondern eine Herausforderung, die es zu meistern gilt. Sie klammern sich nicht an Schwierigkeiten, um sie möglichst lange zu beklagen. Das ist ja leider bei uns Menschen so, dass wir lieber darüber reden, was falsch läuft, statt uns auf den Weg zu machen, Dinge zu verändern.

Die Schülerinnen und Schüler sind da wirklich anders; sie haben keine Furcht davor, etwas falsch zu machen oder sich zu verlaufen. Sie setzen auf ihren Einfallsreichtum, auf ihre Intuition und ihre Kreativität. Und genau das ist es, was auch Unternehmen

brauchen, die weiter ihre Chancen nutzen wollen.
Diese offene Haltung, diese Neugierde, diese Furcht-
losigkeit ist es, was immer mehr Manager sich wünschen. Was sie einfordern: Do. Don't talk. Machen.
Nicht reden.

Stark ist, dass die Schülerinnen und Schüler diese
Haltung aus ihrem Unterricht kennen. Sie probieren, sie experimentieren, sie sammeln Erfahrungen.
Bei mir waren mal 13-jährige Schülerinnen, die sich
der Herausforderung gestellt hatten, von Berlin nach
Hamburg zu wandern. Sie hatten dafür pro Tag zwei
Euro zur Verfügung. Und kamen begeistert zurück,
richtig beglückt durch die Erfahrungen, die sie sammeln konnten. Sie haben in Turnhallen geschlafen
oder beim Hausmeister einer Schule, und immer wieder erlebten sie, wie freundlich die Menschen sind,
wenn man sie freundlich um Unterstützung bittet. In
diesem Sinn haben sie sich mit den Menschen verbunden, sie haben eine Beziehung aufgebaut, sind in
Kontakt getreten, haben von sich erzählt und sich
wirklich ausgetauscht. Das ist doch, was wir Menschen alle wollen: nicht allein sein, sondern in einer
Gemeinschaft, so klein sie auch sein mag, tolle Dinge erleben.

Um diese Erfahrungen zu machen, brauche ich keinen Lehrplan. Kein Geld. Kein Gutachten. Erfah-
rungswissen und Sozialkompetenz, der rechte Um-

gang mit sich und mit anderen: Darauf kommt es an. Heute mehr denn früher, weil eben auch die Ansprüche wachsen, weil auch mehr Menschen Fragen stellen und sich mit billigen Antworten nicht abspeisen lassen. Und es gibt so viele Freiräume, die auch Schulen nutzen können. Kein Gesetz schreibt vor, dass man im Schulunterricht nicht von Hamburg nach Berlin wandern darf. Oder dass es verboten ist, bis zum neunten Schuljahr auf die Benotung von Schülern zu verzichten.

Apropos Noten: Die werden in vielen Unternehmen immer weniger wichtig. Wer sich zum Beispiel bei mir bewirbt, kann sein Zeugnis zu Hause lassen. Noten haben für mich keine Bedeutung mehr. Wenn jemand eine Drei in Mathematik hat – was bedeutet das zum Beispiel für sein Sozialverhalten? Für seine Fähigkeit, gemeinsam mit anderen ein Problem zu lösen? Was heißt »ausreichend« in Deutsch? Hat der Schüler etwa viel Phantasie und schreibt gute Aufsätze, beherrscht aber leider die Rechtschreibung nicht? In einer Zeit, in der jeder gute Computer ein Text-Verbesserungsprogramm mit Fehlersuche bietet?

Worauf kommt es wirklich an? Wie geht jemand an sein Leben heran, wie schnell ist er in der Lage, Beziehungen herzustellen? Bricht er zusammen, wenn es mal schlecht läuft? Plappert er nur nach oder hat er einen eigenen Charakter, einen eigenen Kopf? Kann begründen, was er meint? Einen Schüler, der drei Monate allein durch Australien getrampt ist, finde ich viel interessanter als jemanden, der sein Leben lang nur büffelt und mit besten Noten brilliert. Ich möchte nicht den einen gegen den anderen ausspielen, aber für mich sind Erfahrungen sehr wichtig. Ich schaue mir gern den Lebenslauf an, ich achte auf Umwege, Auszeiten, Perspektivwechsel. Auf Momente im Leben, in denen man lernen kann, die Dinge besser einzuschätzen.

Wer bei uns anfangen möchte, dem bieten wir die Gelegenheit, drei Minuten von sich zu erzählen. Und dann stellen wir Fragen, auch drei Minuten. Das ist unsere Vorstellungsrunde, länger brauchen wir nicht. Und dann können wir entscheiden, ob wir es 14 Tage miteinander probieren. Uns kennenlernen. Dann wissen wir voneinander, ob wir gemeinsam arbeiten wollen. Ein solches Verfahren ist viel realistischer, als ein Blatt Papier mit Noten in der Hand zu halten, von denen man allen Ernstes seriös nicht sagen kann, wie sie zustande gekommen sind.

Seit einigen Jahren wird in der Wirtschaft viel von »New Management« gesprochen, einer neuen Sicht auf die Dinge. Die Schülerinnen und Schüler der Evangelischen Schule Berlin Zentrum sind, glaube ich, auf diese neue Zeit sehr gut vorbereitet.

Viele Leute wollen also von uns wissen, wie man Spaß an der Schule haben kann. Und gute Laune. Das ist ja die Voraussetzung dafür, andere mitzureißen. Leute für etwas zu begeistern, klappt am besten, wenn man selbst begeistert ist. Leute ermutigen kann man am besten, wenn man selbst auch mutig ist. Die spüren, ob was echt ist oder vorgespielt.

Wir sind auch schon von Unternehmern eingeladen worden. Wer erfolgreich arbeiten möchte, braucht das Vertrauen seiner Mitarbeiter. Ein Team, das hinter ihm steht. Und in dem die Leute miteinander arbeiten. Nicht gegeneinander. Das aber kriegen viele Firmen nicht auf die Reihe. Wir schon. Deswegen werden wir gebeten, zu dem Thema was zu sagen. Wie Vertrauen und Teamgeist bei uns funktionieren. Und was wir denken, wo genau die Probleme liegen in manchen Firmen. Wir haben ja einige Erfahrung damit, wann und wie Vertrauen und Teamgeist sich entwickeln oder wie ein Tutor das unterstützen kann.

Konkret sieht das so aus: Ein Unternehmen wie zum Beispiel die Deutsche Bahn will uns einladen. Und was nun passiert, kennt ihr schon. Unsere Schulleiterin erklärt, was laufen soll, und fragt, wer Lust hat, in einem Workshop mit Managern mitzumachen. Es bewerben sich Schüler. Und dann geht's los. Zum Beispiel nach Frankfurt, in diesen großen Turm, er heißt »Silver Tower«, und von oben hat man eine prima Aussicht, und zu essen gibt es da auch, Eis und Waffeln mit Sahne.

Wir waren auch in Hagen und am Potsdamer Platz in Berlin, dem Hauptquartier der Deutschen Bahn. Einmal, und genau an dem Tag, als Barack Obama Berlin besucht hat. Auf den Dächern standen Scharfschützen, aber wir durften in den Turm rein, auch ohne Taschenkontrolle. Es ist echt ein besonderes Gefühl, da ganz oben zu stehen.

Bei »Schüler coachen Manager«, so heißt, was wir machen, geht es um das Verhältnis von Vorgesetzten zu ihren Mitarbeitern, und wir erzählen von unseren Erlebnissen mit unserem System und unseren Lehrern und Tutoren. Da sitzen dann zwei Schüler und vier Manager, und wir reden darüber, wie Vertrauen aufgebaut werden kann. Was man dazu braucht. Da lernen wir viel über Offenheit und Vorurteile und über Wahrheit.

Wir fragen sie, welchen Wert Vertrauen in ihrer Abteilung hat, auf einer Skala von eins bis zehn. Und erklären natürlich auch gleich, wie wir das meinen: Wirkliches Vertrauen bedeutet, einen anderen nicht kontrollieren zu wollen. Ihm zu überlassen, wie er eine Aufgabe bewältigt. Eher zu denken, dass es gut läuft. Und nicht schlecht.

Am Anfang, um die Situation aufzulockern, legen wir Zahlen von eins bis vier aus Papier auf dem Fußboden aus. Eins bedeutet: Stimme voll zu, und Vier bedeutet: Stimme gar nicht zu. Und die Leute müssen sich überlegen, welche Position für sie Vertrauen oder Wertschätzung einnehmen, und sich dann bei den Zahlen hinstellen und sich austauschen, warum sie wo stehen. Wir machen natürlich mit. Das ist sehr interessant. Vertrauen ist allen sehr wichtig, dennoch ist es noch nicht überall vorhanden.

Wir erzählen, was für uns Vertrauen, Beziehung und Wertschätzung bedeuten, dass sie bei uns an erster Stelle stehen, und wo man in unserer Schule Vertrauen braucht. Dass wir nicht gut lernen können, wenn wir kein Vertrauen zu den Lehrern haben, wenn da keine gute Beziehung ist.

Wir haben auch schon einmal mit einer ganzen Abteilung von 35 Mitarbeitern gearbeitet. Das war nicht einfach. Denn plötzlich selbst Verantwortung zu übernehmen, wenn man es gewohnt ist, nach Anweisungen zu arbeiten, ist ein Riesenschritt. Und beim Pflichtprogramm sind natürlich nicht alle motiviert. So wie in der Schule, wenn der Lehrer versucht, Schüler zu begeistern, die keinen Bock haben. Da kriegt man mal mit, wie anstrengend der Beruf eines Lehrers sein kann! Das ist schon eine echte Herausforderung, aber der stellen wir uns dann auch.

Wo gibt es das schon, dass sich Manager und Schüler treffen? Und Menschen, die sonst nichts miteinander zu tun haben, sich austauschen? Ohne groß herumzureden, mit konkreten Fragen und ohne Angst. Wir sind ehrlich und klar, aber nicht unhöflich. Wir haken nach und wollen es genau wissen.

Das beste Erlebnis bisher aber war, als wir im Berliner Bahn-Tower mit Managern zusammensaßen und von unseren Erfahrungen bei den Fortbildungen berichteten. Und dann einer der Manager sagte: »Ihr könnt gleich hierbleiben. Menschen wie euch brauchen wir.« Wir konnten das gar nicht glauben und fragten: »Wollen Sie kein Zeugnis sehen?« »Nee«, meinte er.

Achtung! Jetzt kommen die
Erwachsenen zu Wort

Fürs Leben lernen
von Volker Kefer, Vorstand Infrastruktur und Dienstleistungen, Deutsche Bahn AG

Ich habe die Schülerinnen und Schüler der Evangelischen Schule Berlin Zentrum auf einer unserer Fortbildungen erlebt. Und war extrem überrascht von dem, was sie uns zu sagen hatten. Es war geradezu ein Aha-Erlebnis: Ich hatte nicht damit gerechnet, dass die Jugendlichen so kompetent über die Grundwerte von Zusammenarbeit sprechen, über Vertrauen, die Arbeit im Team, die gemeinsame Suche nach Lösungen.

Wir wollten Führungskräfte und Schüler zusammenbringen, das war für uns ein Experiment mit offenem Ausgang. Die erste Reaktion war ein wenig verhalten: Einige Kollegen fragten, was sollen jetzt die Kinder hier, sollen die uns jetzt was sagen? Ist das hier etwa eine esoterische Veranstaltung? Aber die anfänglichen Zweifel sind dann einer Begeisterung gewichen, und das lag natürlich an der Art und Weise, wie sich die Schülerinnen und Schüler bei uns präsentierten. Sie haben einen bleibenden Eindruck hinterlassen und dafür gesorgt, dass sich am Ende alle wohlfühlten.

Mich hat auch überrascht, dass 13-Jährige so souverän waren im Umgang mit anderen. Von Jugendlichen in der Pubertät erwartet man das ja nicht unbedingt. Und so habe ich ihnen gesagt, dass wir Mitarbeiter wie sie sehr gut gebrauchen können, wir können von ihnen profitieren.

Ich habe den Eindruck, dass diese Jugendlichen in ihrer Schule sehr viel fürs Leben lernen. Worauf es ankommt, wie man ankommt. Menschen einbezieht, Gespräche führt, niemanden ausgrenzt. Fair miteinander umgeht und in der Lage ist, Anregungen zu geben.

Das war für mich auch deshalb eine so schöne und gute Erfahrung, weil wir bei der Bahn bei der Einstellung von Personal neue Wege gehen wollen. Gute Noten sind kein Makel, aber grundsätzlich verlieren Noten und damit Schulzeugnisse ihre Aussagekraft. Niemand hat etwas gegen gute und sehr gute Leistungen in Mathematik und Deutsch und Englisch. Aber es kommt im Job doch immer mehr auf eine andere Qualifikation an, auf Fähigkeiten, die man eben auf der Evangelischen Schule Berlin Zentrum lernt. Dazu zählen Kooperation, Initiative, Dynamik, Teamfähigkeit. Das sind Eigenschaften, die in Zeugnissen bisher kaum berücksichtigt werden. Noten sind nur ein Kriterium, für einen Lokführer oder einen Fahrdienstleiter ist Pflichtbewusstsein wichtiger, als im Rechnen besonders gut zu sein.

Auf der Suche nach Talenten haben wir uns deshalb entschieden, für Schulabgänger einen Internet-Test einzuführen, um Fähigkeiten und Stärken eines Bewerbers kennenlernen zu können. Wer bei uns im IT-Bereich anfangen möchte, sollte sich herausgefordert sehen, Probleme lösen zu können. Das ist wichtiger, als zum Beispiel einen guten Aufsatz schreiben zu können. Jemand, der in der Lage ist, sich und anderen zu helfen, der sich Gedanken darüber macht, wie man in bestimmten Situationen wie reagiert: das sind die Leute, die uns in der Wirtschaft interessieren.

Deshalb haben wir unter anderem auch das Projekt »Chance Plus« gegründet, was jungen Leuten trotz fehlender Abschlüsse oder schlechter Noten bei uns eine Vorbereitung auf eine Ausbildung ermöglicht. Wir haben das Programm vor wenigen Jahren eingeführt und nie bereut.

Wir bei der Bahn wollen einen Kulturwandel. Deshalb interessiert uns in hohem Maße, wie Schüler heute im Unterricht auf Verantwortung und Herausforderungen vorbereitet werden. Bei der Evangelischen Schule Berlin Zentrum ist das sogar ein Schulfach: Besser geht es nicht.

Kapitel 3: Was jetzt passieren sollte

Wir haben jetzt richtig viel geschrieben, vielleicht ist es für euch nicht so viel, aber für uns. Früher haben wir schon gestöhnt, wenn wir einen Aufsatz über drei Seiten schreiben sollten. Und jetzt haben wir ein ganzes Buch geschafft. An dieser Stelle wollen wir uns mal selbst loben und auf die Schultern klopfen. Es war schon anstrengend, aber auch nicht so schwer, weil aus uns heraussprudelte, was eh schon in unseren Köpfen war. Wir haben eigentlich nur ein Glas stilles Wasser mit ein bisschen Kohlensäure gefüllt. Und wir können nur jeden ermutigen, dasselbe zu tun. Wie heißt es so schön: Kindermund tut Wahrheit kund.

Was wir gemacht haben, sollte eigentlich selbstverständlich sein und keine Ausnahme bleiben. Dass Kinder genau sagen, was sie denken. Was sie fühlen. Was sie brauchen.

So ist das auch mit den Lehrern. Sie sollten uns nur so weit unterrichten, dass wir in der Lage sind, selbstständig zu denken. Selbstständig zu arbeiten und selbstständig zu lernen. Sie sollten uns ermutigen, uns wirklich besser zu verstehen.

Es ist so schön, zu wissen, was man will. Was einem

guttut. Und was nicht. Stellt euch mal vor, es gäbe in der Schule ein Fach Selbsterkenntnis. Das wäre doch super. Und wenn man das vielleicht herausbekommt in der Schulzeit, dann sollten die Lehrer einen ermutigen und unterstützen und daran erinnern, seine Träume nicht zu vergessen und sich selbst nicht untreu zu werden.

Das ist der Lehrplan, den wir empfehlen: Selbstbewusstsein. Entschlossenheit. Selbstkontrolle. Optimismus. Neugier. Wertschätzung. Achtsamkeit. Wenn du weißt, was du willst, dann ist es auch viel leichter, dir einen Job zu suchen, der zu dir passt.

»Wir starten die Roadshow«

Irgendwann haben wir gemerkt, dass immer mehr Leute von uns wissen wollen, wie man wieder Lust aufs Lernen bekommt. Oder den Unterricht organisieren sollte, dass man gern dort ist. Wenn wir Kinder uns mit fünf oder sechs Jahren wie Bolle auf die Schule freuen, warum sollte das nicht auch mit zehn oder elf Jahren noch so sein? Also: lieber Lernlust statt Schulfrust.

Und so haben wir auch unsere Roadshow genannt. Vielleicht kennt ihr Roadshows aus eurer Arbeit. Man fährt durchs Land und preist an, was man zu bieten hat. Wir glauben, wir haben auch so einiges zu bieten. Aber die Geschichte, wie es dazu kam, ist schon besonders.

Sie hat mit Uli Hauser zu tun. Der kam eines Tages vorbei, weil er sich für unsere Schule interessierte. Wir saßen in der Mensa und erzählten. Und dann nach ein paar Minuten – es war wirklich so – meinte er, er könne gar nicht so schnell mitschreiben, wie wir reden würden. Anfangs hatte er wohl gedacht, er schreibt einen Artikel über uns. Aber dann meinte er plötzlich, eigentlich gehörten wir auf eine Bühne. Das, was wir zu sagen hätten, sollten viele Leute auch erleben können. Gut, warum nicht? Das war so eine Idee, wie es viele gibt. Daraus wird dann was. Oder eben auch nicht. Uli sagte, lasst uns eine Roadshow machen.

Wir fanden das super, hatten aber überhaupt keine Vorstellung, wie das gehen sollte. Und wir glauben, Uli Hauser auch nicht so richtig. Unsere Schulleiterin war auch begeistert, und dann ging alles ganz schnell. Über die »Bildungsstifter« wurde die Organisation geregelt, und unsere Schulleiterin erzählte ihren Freunden in der ganzen Republik, dass es bald eine Roadshow geben würde. Denn überall im Land sind ja schon Leute unterwegs, die sich eine andere Schule und Bildungspolitik wünschen und sich auch dafür einsetzen. Und so stand innerhalb weniger Tage fest, dass wir in zehn Städten auftreten können.

Und dann meinte ein sehr netter Unternehmer, wir bräuchten einen richtig guten Bus, und den bekamen wir: einen Bus mit Kaffeemaschine und Konferenzraum. Eine echte Luxusschaukel, die gern auch von Angela Merkel gebucht wird. Das erzählte uns der Busfahrer.

Schließlich wurde noch der Hirnforscher Gerald Hüther gefragt, ob er mitkommt. Der hat einen ziemlich prallen Terminkalender, der ist ja sehr berühmt und ständig auf Achse. Aber mit Kindern zehn Tage in einem Bus, das hat er auch noch nicht gemacht.

Es wurde eine Riesentour. Erst ging es nach Prenzlau in die Uckermark, da kamen 600 Menschen. In der Münchener Universität waren es 1000, am nächsten Tag in Bayreuth 1200 und in der Berliner Urania am Ende sogar 1400 Leute. Unsere Roadshow wurde sogar auf einer Leinwand in einem zweiten Saal gezeigt, wenn der Platz nicht reichte.

Wir waren in Stadthallen zu Gast und in Universitäten und standen plötzlich vor Professoren und Schauspielern und Ministern. Und Peter Maffay kam am Ende auch noch dazu. Er erzählte uns, dass eine »Drei« früher seine beste Note war; ein schlechter Schüler, aus dem ein toller Mensch wurde. Dass Peter Maffay sich auch Zeit nahm und am Ende mit uns »Tabaluga« sang, war ziemlich cool: Er kam direkt vom Flughafen, weil er mal wieder in der Welt unterwegs war, und sang gemeinsam mit uns.

Irgendwie schien alles möglich, das war eine so grandiose Erfahrung. Dieses Gefühl, dass es so viele Menschen sind, die Schule verändern wollen. Und eine Idee haben. Wir sind ja einfach losgezogen und haben probiert. Und natürlich improvisiert: Als wir zum Beispiel im Dresdner Hygienemuseum ankamen, saßen die Leute schon da. Und Hunderte wollten noch rein. Wir konnten nicht mal einen »Soundcheck« machen und sind gleich auf die Bühne. Es war ein tolles Gefühl.

Das Gute an der Roadshow war nicht nur die Erfahrung, dass wir relativ locker, ohne Zettel oder große Vorbereitung, auf der Bühne stehen konnten und nach zwei, drei Auftritten gar nicht mehr nervös waren. Sondern auch: Wir mussten uns nicht verstellen. Wir haben gemerkt, dass wir auf der Bühne genauso waren wie sonst auch. Wir schlüpften nicht in eine andere Rolle. Das war so normal. Und uns wurde klar: Wenn man selbst von einer Sache überzeugt ist, kann man andere mitreißen.

Manchmal gab es sogar Standing Ovations, und viele Leute haben nach der Veranstaltung ihre Adressen ausgetauscht und gesagt, sie wollten in ihrer Stadt versuchen, Schule anders zu machen. Ein paar Kamerateams waren auch dabei, und das war ein megagutes Gefühl, sich zu überlegen, dass uns in den Fernsehnachrichten vielleicht Millionen Menschen zuschauen. Am Ende der Roadshow waren wir richtig traurig, dass wir auseinandergehen mussten. Aber wir waren die Ersten, die so was überhaupt gemacht haben.

Lernen geht anders
von Gerald Hüther, Neurobiologe und Mitbegründer der Initiative »Schule im Aufbruch«

Als ich so alt war wie Alma, Lara-Luna und Jamila, bin ich einmal einem Mann begegnet. Der war in meinen Augen uralt, also etwa so alt wie ich heute. Er hatte einen langen Bart und lief mit einer Botanisiertrommel und einem Schmetterlingsnetz durch unser Dorf. Er wusste alles über die Pflanzen und Tiere bei uns, erklärte mir den Unterschied zwischen dem Klebkraut und dem Labkraut und erkannte jeden Vogel an seinem Gesang. Das konnte niemand in meinem Dorf, und das hat mich sehr fasziniert. Damals habe ich beschlossen, Biologie zu studieren. Ich wollte das Leben verstehen. Später bin ich dann Neurobiologe geworden und habe Jahrzehnte meines Lebens mit wissenschaftlichen Untersuchungen zugebracht, um herauszufinden, wie unser Gehirn funktioniert.

Irgendwann habe ich meine ersten Vorträge gehalten, auf Hirnforscherkongressen für Hirnforscherkollegen, über das serotonerge System oder die Modulation der Dopaminfreisetzung. Interessiert hat das aber wohl nur diejenigen, die sich mit ähnlichen

Themen befassten. Später, als ich etwas mehr vom Gehirn verstanden hatte, vor allem wie sehr es durch die Erfahrungen geprägt wird, die jeder Mensch im Lauf seines Lebens und in der Beziehung zu anderen macht, habe ich versucht, dieses Wissen an Eltern, Erzieher, Lehrer, Politiker und Unternehmer weiterzugeben. Das sind dann andere Vorträge geworden, keine wissenschaftlichen, sondern solche, die die Leute auch nachvollziehen können und die ihnen helfen, sich selbst und die anderen etwas besser zu verstehen.

Manche Zuhörer habe ich damit erreicht, andere nicht. Damals habe ich gespürt, dass es nicht genügt, das, was im Gehirn passiert, einfach nur zu erklären. Damit in den Zuhörern etwas ausgelöst wird, was sie dazu bringt, selbst nach- und weiterzudenken, muss ihnen das Gesagte auch wirklich unter die Haut gehen, es muss sie berühren. Aber wie das gelingen kann, wusste ich lange Zeit nicht.

Bis mich Uli Hauser, Margret Rasfeld und ein paar Schüler der Evangelischen Schule Berlin Zentrum überredet haben, bei der Roadshow »Lernlust statt Schulfrust« mitzumachen. Mit einem Bus sind wir umhergezogen, jeden Tag eine Veranstaltung in einer anderen Stadt. Die Säle waren voll. Zuerst haben die Schüler und Schülerinnen erzählt, wie es in ihrer Schule zugeht und wie viel Freude ihnen das Lernen dort macht. Anschließend hat ihre Schulleiterin, Margret Rasfeld, beschrieben, wie ihre Schule funktioniert und was sie dort alles anders machen. Und zum Schluss habe ich meinen Vortrag gehalten und erklärt, weshalb es aus neurobiologischer Sicht günstig ist, wenn Schüler so lernen können wie dort. Es ging um dasselbe Thema wie bei meinen Vorträgen sonst, aber diese Veranstaltungen hatten eine ganz andere Wirkung. Diesmal waren die Zuhörer wirklich berührt, sie blieben hinterher noch lange in Gruppen im Saal und redeten miteinander. Und auch mit uns. In vielen Städten bildeten sich dann die ersten Regionalgruppen der Initiative »Schule im Aufbruch«.

Worin das Geheimnis dieser Auftritte lag, habe ich nach den ersten zwei Veranstaltungen verstanden: Nicht ich mit meinem Hirnforscherlatein war der Grund für den großen Erfolg und auch nicht Margret Rasfeld mit ihren Schilderungen. Es waren die Schülerinnen und Schüler, die da oben auf der Bühne standen und mit dem, was sie von ihrer Schule berichteten, die Herzen der Zuhörer erreichten.

Sie waren die wirklichen Experten, und dem, was sie von ihren Lernerfahrungen erzählten, konnte sich niemand im Saal entziehen. Jede Zuhörerin und jeder Zuhörer hatte nach ihrem Auftritt das Gefühl, dass Lernen anders gehen kann, als es in den meisten Schulen bis heute praktiziert wird. Das war der Anfang einer Bewegung, die sich mittlerweile im ganzen Land auszubreiten beginnt.

Ich bin froh, dass ich bei der Roadshow dabei sein durfte. Die Schülerinnen und Schüler haben mich gelehrt, dass entscheidende Veränderungen nicht durch einzelne Personen in Gang gesetzt werden können. Wenn unsere Schulen jemals zu Orten werden, die alle Kinder und Jugendlichen so gern besuchen, dass sie weinen, wenn Ferien sind, dann nur, wenn sich alle Beteiligten gemeinsam auf den Weg machen. Und wer herausfinden will, wohin dieser Weg führen soll und wie er geebnet werden kann, der sollte zuallererst die Schüler fragen. Damit sie von ihren Erfahrungen berichten. So wie in diesem Buch …

»Macht euch auf, die Schulen zu verändern!«

Wir wissen nicht, was in den kommenden Jahren passieren wird. Welche Herausforderungen da auf uns zukommen. Zum Beispiel der Klimawandel. Wir haben mit den Folgen zu tun, dass die Erwachsenen zu viel Auto fahren. Plastiktüten immer noch nicht verboten sind. In Salzstöcken Atommüll lagert. Unfassbar viele Kinder schaffen den Schulabschluss nicht. Manche sagen sogar, sie wollen Sozialhilfeempfänger werden, weil sie es von ihren Eltern so kennen. Immer mehr Menschen hängen an Geräten oder sitzen den ganzen Tag vor dem Fernseher: Viele Leute fühlen sich allein und haben keinen Austausch mit anderen.

Eigentlich voll traurig, was macht man mit denen? Die hatten doch alle mal echt was im Köpfchen und Träume und Wünsche und Hoffnungen.

Hey, da fällt uns was ein: Wie wäre es, wenn wir in den Städten so Traumbüros eröffnen für alle, die vielleicht doch noch was zu sagen haben? Die sich aufraffen und dorthin kommen, einen Kaffee kriegen oder Tee, und dann erzählen können, wie es ihnen geht. Und diese Büros werden von Kindern geleitet, und wir sitzen dann da und hören zu und halten Händchen und trocknen vielleicht auch Tränen.

Was ist das für eine tolle Vorstellung: All die Leute, die sonst wo auch immer ihre Zeit totschlagen und allein rumsitzen, könnten plötzlich darüber sprechen, was im Leben ansteht. Wovon sie früher geträumt haben, woran sie sich gern erinnern, was sie gerne machen würden. Und es ist immer jemand da, der zuhört.

Und dann gibt es noch ein richtig großes Problem, das wird uns echt beschäftigen. Wir werden immer weniger. Wir Kinder. Und die Alten werden immer mehr. Wir kennen jetzt nicht die Zahlen, aber man muss ja nur mit offenen Augen durch die Welt laufen. Man sieht fast überall mehr Menschen mit einem Rollator als auf einem Tretroller. Kaum noch Eltern, die mehr als zwei Kinder haben. Die meisten haben nur eins, so wie in China, wo nur ein Kind pro Familie erlaubt ist. Und diese alten Leute haben natürlich ein Recht auf Rente oder einen Platz im Altenheim. Aber das kostet jetzt schon so viel, dass alle stöhnen. Und es wird noch viel mehr werden.

Damit es nicht irgendwann zum großen Streit kommt, dass die Jungen sagen, wir schaffen das nicht mehr, müssen wir uns alle ziemlich anstrengen und neue Lösungen suchen. Dafür müssen wir ziemlich fit sein. Und die Kinder, die dafür zuständig sind, müssen gut ausgebildet sein.

Wir brauchen jeden, den wir kriegen können, jedes Kind ist wichtig. Jedes Kind zählt. Und was Kindern guttut, wissen Kinder selbst nun mal am besten. Deshalb wollen wir unser Leben und unsere Zukunft mitbestimmen.

Wir haben einen Plan: Überall, wo wichtige Entscheidungen anstehen, müssen Kinder gefragt werden. Auch bei Wahlen, schließlich leben wir in einer Demokratie. Warum haben Kinder schon mit 16 einen Personalausweis und dürfen ihre Niere spenden, aber nicht sagen, wer ihr Land regiert? Wählen kann doch unmöglich gefährlicher sein als eine Operation. Es kann nicht sein, dass heute nur Erwachsene darüber bestimmen, was wir in Zukunft ausbaden müssen.

Aber wir können hier keinen Plan machen für ganz

Deutschland oder Europa. Wir können uns nur um das kümmern, von dem wir was verstehen. Und das ist Schule.

Uns tut richtig weh, wenn Schüler und auch Lehrer leiden, wenn es um so etwas Großartiges wie das Lernen geht. Schüler haben oft den Eindruck, dass die Lehrer an allem schuld sind, sozusagen die »Bösen« sind. Dabei stecken die Lehrer ja auch im Schulsystem fest und sollen ihre Pflicht tun, sie müssen uns etwas beibringen, Noten geben und uns einteilen in die besseren und schlechteren, in die Gymnasialkinder und die Hauptschüler.

Es gibt haufenweise Gesetze mit vielen Einzelparagrafen, alles soll bis ins Kleinste geregelt und kontrolliert werden. Das ist das System. Da haben es Einzelne schwer, auszubrechen, aber es gibt an allen Schulen Menschen, die was verändern wollen. Wir kennen durch unsere Fortbildungen immer mehr Lehrer, die würden es gerne anders machen und wollen das versuchen. Uns haben viele Lehrer erzählt, dass es schwer ist, wenn sie alleine etwas verändern wollen. Eine Lehrerin aus Ravensburg meinte, dass die Eltern in ihrer Grundschulklasse dagegen sind, freies Arbeiten einzuführen oder Noten abzuschaffen, weil sie Angst haben, dass ihre Kinder nicht genug lernen.

Das ist doch nicht zum Aushalten! Leute, wir lernen doch nicht lesen und schreiben, damit wir dann nichts zu sagen haben. Ganz still werden und einen Ärger in uns hineinfressen. Oder aus Angst einfach schweigen. Angst, wovor?

Niemand kommt ins Gefängnis, wenn er sich für bessere Bedingungen an unseren Schulen einsetzt. Und es darf auch nicht sein, dass wir an der Schule Angst lernen.

Wir sind noch jung und haben schon richtig viele gute Erfahrungen mit Schule gemacht. Und haben total Lust, euch mit unserer guten Laune anzustecken. Natürlich ist es einfacher, zu meckern: Aber mit der gleichen Energie kann man auch eine Menge bewegen. Dieses Buch soll keines sein, das man in die Ecke stellt und sagt, ach ja, ganz nett, das haben jetzt drei Mädchen geschrieben, was für ein schöner Einfall. Nein, wir meinen es ernst, wenn wir von Veränderung sprechen.

»Im Inneren, im Unterbewusstsein wissen viele, dass falsch ist, was sie tun. Dass Schule anders möglich ist. Aber viele denken auch, um etwas zu ändern, muss man sich so viel Mühe machen und Energie aufwenden, und am Ende klappt es dann doch nicht.

Aber wir sind da, allen zu zeigen, dass es geht.« *Rosa, 14*

Wir denken, unsere Vorschläge für eine andere Schule sind ganz gut. Für uns ist total logisch, was wir erzählen. Wir machen ja die Erfahrung, dass es geht. Bei uns ist dauernd Bewegung, jeden Tag passiert etwas Neues. Und was wir so alles verändert haben an unserer Schule, das können andere auch!

Und wenn sich was ändern würde, glauben wir, dass alle davon profitieren. Klar, das wird ein harter Weg werden.

Jeder hätte plötzlich eine ganz andere Aufgabe. Der Lehrer müsste nicht immer nur senden, sondern auch empfangen. Die Schüler müssten auch mal selbst denken und nicht beim kleinsten Problem aufgeben. Und die Eltern sollten den Mut haben, uns machen zu lassen, und mehr Vertrauen haben.

Jetzt sagen manche bestimmt, das geht doch alles nicht, es gibt doch Gesetze und Bildungspolitik und was wissen wir sonst noch was. Die kann man doch nicht einfach so verändern. Ja, die gibt es. Aber die stören gar nicht. Nirgendwo steht zum Beispiel geschrieben, dass man nicht eine Herausforderung wagen sollte. Oder Verantwortung lernen. Und es gibt sogar schon Bundesländer, wo manche Schulen bis zur neunten Klasse keine Noten geben müssen.

Aber noch besser: In manchen Erziehungsgesetzen stehen richtig tolle Sätze! Dass Schule die Herzensbildung und Toleranz fördern soll und die Ausbildung des Charakters. So Sachen. Und das Wahre, Gute und Schöne. Und das alles in einer Atmosphäre des Vertrauens, der Anerkennung und der Lebensfreude. Da geht es um eigene Wünsche, und dass die wichtig sind. Um eigene Ideen. Das hört sich doch super an, findet ihr nicht?

Wir glauben, um etwas zu verändern, ist es vor allem wichtig, dass sich alle zuhören und miteinander reden, Schüler und Lehrer und dann auch Eltern, Politiker und

Unternehmer. Zum Beispiel könnte jede Schule ganz einfach so eine Vollversammlung zum Standard machen, eine Aula oder einen größeren Raum gibt es überall. Die Zeit, in der man sich ärgert über das, was schiefläuft, könnte man doch viel besser nutzen! Und sich gemeinsam überlegen, wie die Dinge zu ändern sind.

Es ist relativ leicht, mit uns Kindern umzugehen, das ist nicht so kompliziert, wie alle immer sagen. Wir sollten alle nur darauf achten, was wir Menschen von Anfang an richtig gut können. Babys haben einen enormen Willen, ein Riesendurchhaltevermögen, man merkt sofort, wie es ihnen geht. Und wenn sie mal weinen, lachen sie gleich darauf wieder. Sie haben die beste Voraussetzung, um zu richtig coolen Erwachsenen zu werden. Aber dafür muss man sie ernst nehmen. Das müssen die Erwachsenen einfach begreifen: endlich ernst zu nehmen, was Kinder denken und fühlen. Das wäre ein wichtiger Schritt.

»An alle Lehrer und Bildungspolitiker:

Lest dieses Buch und fragt die Schülerinnen und Schüler, was sie denken, wenn ihr neue Schulen plant oder alte ändern wollt. Wir wollen mitbestimmen!

Nehmt unseren Fragebogen und verteilt ihn an eurer Schule. Wir haben schon 1000 Fragebögen an Schüler verteilt und machen immer weiter. Damit so viele Schüler wie möglich mit ihren Ideen und Wünschen zu Wort kommen. Alle können mitmachen!

An alle Schülerinnen und Schüler:
Füllt einfach den Bogen hinten im Buch aus und schickt ihn uns. Wir wollen wissen, was ihr denkt! Und verteilt den Bogen an eure Freundinnen und Freunde.«

Und dann braucht man Begeisterung. Man kann nämlich so viel mehr machen, als man denkt. Wir wollen nämlich nicht, dass ihr glaubt, wir haben gut reden oder schreiben, wir sind ja schon auf einer prima Schule. Nee: Jeder kann etwas für eine gute Schule tun und seine eigene verbessern. Man muss nur seine Lethargie überwinden und dieses blöde Gefühl, dass man nichts ändern kann. Wenn ihr euch dafür begeistert, machen die anderen bestimmt mit. Ganz sicher!

Und das blöde Gefühl, dass man nichts ändern kann, ist Quatsch, das könnt ihr uns glauben. Das seht ihr ja schon an uns, wir erleben das ständig. Und es gibt auch schon ganz viele Schulen, in denen sich was bewegt.

Wo wir das schreiben, fällt uns was ein: Alle sollten mal wieder in die Schule kommen, Groß und Klein und Alt und Jung. Denn die Erwachsenen haben ja nur verlernt, was sie mal wussten. Und vielleicht fällt es ihnen dann ja wieder ein.

Hey, Leute: Lasst uns einfach loslegen! Gemeinsam sind wir stark. Und wenn ihr nicht mehr weiterwisst: Fragt uns. Wir kommen vorbei. Versprochen.

Unser Pisa-Fragebogen

Alter:

Geschlecht:

Jahrgangsstufe:

Mit wie viel Jahren wurdest Du eingeschult?

Wie gerne gehst Du zur Schule?

1 = Ich hasse Schule, 10 = Ich liebe Schule

- -

1   2   3   4   5   6   7   8   9   10

Beschreibe die Beziehung zwischen Dir und Deinen Lehrern:

_____

_____

_____

_____

Hast Du das Gefühl, dass Du von Deinen Lehrern ernst genommen wirst?

_____

_____

_____

_____

Nenne drei Eigenschaften, die ein Lehrer haben muss, damit er für Dich ein guter Lehrer ist, und begründe es:

1. _____

Begründung: _____

_____

2. _____

Begründung: _____

_____

3. _____

Begründung: _____

_____

Welche Note würdest Du Deiner Schule geben? Begründe es:

Note: ❏

Begründung: _____

_____

_____

Hast Du außerhalb der Schule Zeit für Deine Hobbys? Kreuze an:

JA ❏   NEIN ❏

Welche Hobbys betreibst Du?

_____

_____

Kann man Erfahrungen in Deiner Schule sammeln?

_____

_____

_____

_____

Was ist für Dich das Besondere an Deiner Schule?
Beschreibe Deine Schule in drei Worten:

1. _____

_____

2. _____

_____

3. _____

Was würdest Du an Deiner Schule verändern?

_____

_____

_____

_____

Langweilst Du Dich in der Schule? Wenn ja, warum?

_____

_____

_____

_____

Bewerte Dein Schulessen:
1 = widerlich, 10 = sensationell

----

1   2   3   4   5   6   7   8   9   10

Was würdest Du an Deinem Schulessen verbessern?

_____

_____

_____

_____

Wie würde Deine Traumschule aussehen?

_____

_____

_____

_____

Lernt Ihr in der Schule Entschlossenheit, Neugier, Begeisterung, Optimismus oder Selbstkontrolle?

_____

_____

_____

Wenn ja, wie?

_____

_____

_____

Wie empfindest Du den Umgang unter Deinen Mitschülern?

_____

_____

_____

_____

_____

Was motiviert Dich, in die Schule zu gehen?

_____

_____

_____

_____

_____

Vielen Dank! Dass Du Dir Zeit genommen hast!

Bitte schick den ausgefüllten Bogen an:

Alma, Lara-Luna & Jamila
Evangelische Schule Berlin Zentrum
Wallstraße 32
10179 Berlin

Oder:

fragebogen@wiewirSchulemachen.de

Danke!

Jetzt ist das Buch fertig. Es hat uns total viel Spaß gemacht. Das alles ist eine wunderbare Erfahrung für uns drei. Wir haben gelernt, alleine ein Buch zu schreiben, und das ist, finden wir, schon irgendwie toll.

Wir wollen Uli Hauser danken, der uns die ganze Zeit unterstützt hat, der uns mit Gummibärchen versorgt hat und immer darauf geachtet hat, dass wir den Faden nicht verlieren. Wir sind ein tolles Team geworden. Ohne ihn hätte das alles nicht so gut geklappt!

Außerdem wollen wir allen Eltern, Lehrern und Margret Rasfeld danken, die damals die ESBZ mitgegründet haben. Ohne sie wären wir jetzt nicht auf unserer Schule, sondern wahrscheinlich auf irgendeinem blöden Gymnasium. Vielen Dank!

Wir möchten Britta Egetemeier und allen vom Knaus Verlag danken und Margret Trebbe-Plath, die unsere Texte lektoriert hat.

Auch unseren Eltern wollen wir danken, dass sie für uns da sind.

Herzliche Grüße
Alma, Jamila und Lara-Luna